時政筆記

左正東 主編

新台灣人文教基金會　airiti press

論壇流程

2011年8月30日（二）	
【一】政府與媒體關係	
主席	彭芸 教授（國立政治大學傳播學院新聞學系）
主筆者	賴祥蔚 主任（國立台灣藝術大學廣播電視學系）
與談人	1.盧非易 副教授（國立政治大學廣播電視學系） 2.胡幼偉 教授（國立師範大學大眾傳播研究所）
【二】智庫發展	
主席	吳福成 副處長（台灣經濟研究院國際處）
主筆者	邵軒磊 助理教授（國立台灣師範大學東亞學系）
與談人	1.謝明輝 執行長（台灣競爭力論壇） 2.徐遵慈 副研究員兼任培訓宣導組組長 　　　（中華經濟研究院台灣WTO中心）

2011年8月31日（三）	
【三】南北差異	
主席	顧長永 教授（國立中山大學中國與亞太研究所）
主筆者	辛翠玲 副教授（國立中山大學政治經濟學系）
與談人	1.曲祉寧 助理教授（中原大學企業管理系） 2.劉明德 助理教授 　　　（國立中山大學公共事務管理研究所）

2011年8月31日（三）	
【四】產業政策	
主席	盧信昌 副教授 　　　（國立台灣大學國際企業學系暨研究所） 簡明仁 副教授（國立台北大學經濟學系）
主筆者	葉國俊 副教授 　　　（台灣金融研訓院／國立中正大學經濟學系）
與談人	1.靖心慈 副研究員兼任資訊輔佐組組長 　　　（中華經濟研究院台灣WTO中心） 2.張弘遠 主任（致理技術學院國際貿易系）

2011年9月1日（四）	
【五】政黨政治	
主席	王業立 主任（國立台灣大學政治學系）
主筆者	陳敏鳳 副總編輯（新新聞周刊）
與談人	1.劉嘉薇 助理教授 　　　（國立台北大學公共行政暨政策學系） 2.俞振華 助理教授 　　　（國立政治大學選舉研究中心／政治學系）
【六】國會運作	
主席	席代麟 副教授（銘傳大學公共事務學系）
主筆者	鄭任汶 博士候選人（國立中山大學政治學研究所）
與談人	1.陳昌宏 研究員（國立台北大學亞洲研究中心） 2.吳振逢 主任秘書（立法院 外交及國防委員會）

作者群簡歷

主編

左正東 副教授

最高學歷	美國丹佛大學國際研究博士
現職	新台灣人文教基金會副執行長
	國立台灣大學政治學系副教授

作者群（按章節順序排列）

辛翠玲 副教授

最高學歷	英國伯明罕大學國際關係學博士
現職	國立中山大學政治經濟學系副教授

劉明德 助理教授

最高學歷	德國柏林自由大學政治學博士
現職	國立中山大學公共事務管理研究所助理教授

葉國俊 副教授

最高學歷	比利時安特衛普大學應用經濟學博士
現職	國立中正大學經濟學系副教授

靖心慈 副研究員

最高學歷	約翰霍普金斯大學經濟學博士
現職	中華經濟研究院台灣WTO中心副研究員
	兼任資訊輔佐組組長

張弘遠 副教授

最高學歷	國立政治大學東亞研究所博士
現職	致理技術學院國際貿易系副教授兼系主任

陳敏鳳 副總編輯

最高學歷	中國人民大學新聞研究所博士
現職	新新聞周刊副總編輯

劉嘉薇 助理教授

最高學歷	國立政治大學政治學博士
現職	國立台北大學公共行政暨政策學系助理教授

俞振華 助理教授
最高學歷	美國哥倫比亞大學政治學博士
現職	國立政治大學選舉研究中心助理研究員暨政治學系助理教授

鄭任汶 博士候選人
最高學歷	國立中山大學政治研究所博士候選人
經歷	聯合報政治新聞組記者

陳昌宏 研究員
最高學歷	國立台灣師範大學政治學博士
現職	國立台北大學亞洲研究中心研究員

吳振逢 主任秘書
最高學歷	淡江大學歐洲研究所博士
現職	立法院外交及國防委員會主任秘書

賴祥蔚 教授
最高學歷	國立政治大學政治學博士
現職	國立台灣藝術大學廣播電視學系教授兼系主任

盧非易 副教授
最高學歷	美國南加州大學電影電視學院碩士
現職	國立政治大學廣播電視學系教授

邵軒磊 助理教授
最高學歷	國立政治大學東亞研究所博士
現職	國立台灣師範大學東亞學系助理教授

謝明輝 執行長
最高學歷	國立台灣大學政治研究所碩士
現職	台灣競爭力論壇執行長

徐遵慈 副研究員
最高學歷	東吳大學法律研究所碩士
現職	中華經濟研究院台灣WTO中心副研究員兼任培訓宣導組組長

董事長序

新台灣人文教基金會成立十三年來,持續在文化、族群、政府體制、和公共政策各方面議題默默耕耘。本會除經常舉辦政策性議題論壇,召集學者專家共商研討外,也不時邀請青年學者和社會各界代表就當前政經動態交換意見,希望在時政變化與發展之同時,從不同角度提出觀察,提供看法,以為政府政策之建議。同時,也期許以此拋磚引玉,號召社會賢達共同思考並產生共鳴,以致激盪出更多創新的思維。

九〇年代以來,歷次舉辦的各級選舉活動,均成為台灣民主政治發展過程中重要的里程碑。然而,「民主」的制度不應當只是週期性的投票。「民主」的實際作為,更不應該只侷限於前往投票所投票。「民主」應當是生活,就如同每日之食衣住行。從這個意義上來說,雖然選舉已經落幕,但真正的「民主」仍在民眾日常生活中不斷進行。

日常的民主實踐之中,政黨、國會、智庫、媒體、地方團體、和產業可說是最基本的運作單元,也是關乎各民主國家運作良窳的制度基礎。具體來說,組織健全的政黨、運作順暢的國會、和深謀遠慮的智庫,不但可以讓政黨競爭有所規範,強化政黨拔擢人才和形塑公共政策,還可以確保政治競爭的結果,帶來優質的公共政策和必要的民意監督。另外,獨立自制的媒體、均衡發展的地方團體、和活力充沛的產業,避免民主過程帶來極端的社會意見和失衡的社會發展,為民主政治奠定穩定的社會基礎。換句話說,在民主政治的發展過程裡,定期地對這六個面向的動態進行檢視,不但有助於提供政府運作和政策制度適度調整的參考,還可以喚醒社會各界菁英正視民主

政治所依託的主觀條件,從而強化民主政治所需之公民意識。

　　有鑑於此,本會自2011年2月起,由左正東副執行長親自擔任召集人,陸續邀請學術界和媒體界的青年朋友,就「政黨」、「國會」、「智庫」、「媒體」、「地方」、和「產業」六個面向,透過數個月的訪談筆錄、文章撰稿,將這些寶貴的專業意見化為文字。並於8月30、31日和9月1日三天召開「放眼時政論壇」,邀集學者專家共同就相關議題進行研討。論壇中與會專家學者之建言及檢討,亦成為我們修撰文章之重要依據。正是在這樣的累積與淬鍊後,我們將相關稿件集結付梓,從而有本書之出版。

　　最後,謹代表本基金會向所有參與之專家、學者及各界代表們致上最真誠的謝意。感謝他們長時間在相關專業領域中持續不斷的耕耘,並將豐碩的學術成果及論述投入公共領域,致力於社會的進步。期待本書的問世,能夠引起社會與政府對民主政治與國家發展兩項議題的密切對話,讓台灣未來的政策內涵及推行過程能夠更為豐富與周延。

新台灣人文教基金會董事長
張珩
2012年3月3日

主編序

讓民主更加成熟　讓國家均衡發展

　　2012年1月14日大選過後，現任政府即將邁入第二任期，同時間國會完成改選，新任的立法委員於2月1日到國會報到。從民主課責的角度來看，有兩點值得關注：第一，既然前任政府在經過一次大選的檢視後，獲得過半數民眾的青睞，得以繼續執掌四年後的國家大政，更應該提高前期各項公共政策的落實程度，並依選舉承諾制定更為宏觀及周延的國家大計，才不負選民所託。第二，新國會的改選雖然原先的執政黨依舊穩住半數以上的席位，但在野勢力以及小黨確有席次上升的現象，這表示了日後行政部門在推行法案上需要更多的折衝與協商。另外，中華民國已日益步向成熟的民主國家，社會的多元性以及媒體的強勢都考驗著行政與立法的適應能力。以此觀之，如何和在野黨、智庫、媒體、地方、及產業等各種社會力量合作，將成為未來四年執政黨最大的挑戰，也是台灣民主政治持續發展最重大的挑戰。

　　預見選後多元的情勢發展，新台灣人文教基金會於去年即邀請學術界和媒體界的青年朋友，就政黨、國會、智庫、媒體、地方、和產業六個面向，透過數月的訪談筆錄、文章撰稿，探討過去四年的政府運作經驗，作為新一屆政府的參考藍圖。其中，在政黨政治部分，邀請資深媒體人陳敏鳳小姐，探討新選制下的政治生態、政黨初選之利弊、以及政黨不分區立委之功能。在國會運作部分，邀請資深媒體人鄭任汶先生，診

斷國會運作之瓶頸，並提出可能的解決方案。在政府與媒體關係部分，邀請台灣藝術大學廣電系賴祥蔚主任，從傳播歷程和溝通能力的角度，檢視政府危機溝通個案和公務人員的媒體溝通訓練。在智庫與公共政策部分，邀請國科會博士後研究員邵軒磊教授，參考日本智庫經驗，就智庫在政策決定和政黨輪替過程之角色，為台灣之智庫發展提供建言。在區域發展部分，邀請中山大學政治經濟學系辛翠玲教授，探討南北差異之結構因素和社會認知，並試圖摸索可能的解決途徑。至於產業發展部分，則邀請中正大學經濟學系葉國俊教授，探討ECFA的背景之下，總體政策、資產市場、和所得分配如何調整，以實現產業的長期發展和經濟的永續成長。

　　綜上所述，本書內容均針對政府未來施政提出深刻的見解，期待政府秉持兼聽則明、偏聽則暗的精神，廣納建言，並試圖從社會的角度來看待新政府所面臨的上述兩大挑戰，以促使我國的民主政治能更貼近社會脈動。唯此六大面向包含甚廣，箇中之精闢論述有待讀者細細品味，慢慢思考。期許該書出版在未來除成為政府政策援引的重要參考依據外，更能引導每一位讀者關心自己的生活、關懷自己的家園，直至關注自己的國家。

新台灣人基金會副執行長

左正東

2012年3月3日

目　錄

壹、南北差異：區域失衡之結與解析
主筆／辛翠玲　　　　　　　　　　　　　　　　1
回應／劉明德　　　　　　　　　　　　　　　　13

貳、產業政策：產業政策之總體環境與永續成長
主筆／葉國俊　　　　　　　　　　　　　　　　29
回應／靖心慈　　　　　　　　　　　　　　　　39
回應／張弘遠　　　　　　　　　　　　　　　　43

參、政黨政治：選制變革對政黨政治之影響
主筆／陳敏鳳　　　　　　　　　　　　　　　　49
回應／劉嘉薇　　　　　　　　　　　　　　　　63
回應／俞振華　　　　　　　　　　　　　　　　67

肆、國會運作：當前國會運作之省思
主筆／鄭任汶　　　　　　　　　　　　　　　　75
回應／陳昌宏　　　　　　　　　　　　　　　　89
回應／吳振逢　　　　　　　　　　　　　　　　95

伍、政媒關係：政策溝通與媒體互動之檢視
主筆／賴祥蔚　　　　　　　　　　　　　　　　101
回應／盧非易　　　　　　　　　　　　　　　　113

陸、智庫發展：日本經驗對我國智庫發展之啓示

主筆／邵軒磊　　　　　　　　　　117

回應／謝明輝　　　　　　　　　　137

回應／徐遵慈　　　　　　　　　　143

台灣的區域發展問題：
南北差異之解析

辛翠玲　副教授

（國立中山大學政治經濟學系）

　　台灣與其離島，總和面積三萬餘平方公里；實則就地理範圍而言，並不龐大；然而半個世紀以來，區域發展不均衡的現象日顯，且逐漸成為一棘手的公共問題。本文以台灣之南北差異為例，分析區域失衡的原因、影響與未來的發展可能。

一、區域發展差異之政治與經濟成因

　　區域發展失衡，常是多方面的原因所導致。以台灣南北問題而言，政治面因素，雖遠可溯自清末、日據時期，政治中心逐漸由南往北移，至最終定都於台北，但真正決定當代台灣區域差異的關鍵政治因素，則直指國府遷台至冷戰時期的地理戰略佈局。

　　為因應冷戰之戰略需求，在中美共同防禦的前提下，台灣各地與其離島紛紛被賦予不同的角色。台北作為美軍顧問團駐紮地，是統整全台情資、物資與金流的中心；幾個城市設定為角色不等的支援者。台中是主要空軍基地，兼任美國官兵在東南亞的臨時休憩中心；台南為美軍主要

時政筆記

核彈存放區與戰爭所需工業技術育成中心；高雄則是重要物資轉運商港、軍港與重工業基地；以中央山脈為屏障的花東，則作為後方空軍防線與基地；至於其他城市間的地區，則兼具人力資源提供、糧倉與各種民生物資生產之用。

從1950年代至1980年代，如此角色設定三十年，構成二十世紀後半期台灣各城市與地區的發展架構：一線城市，如台北，乃全台灣最重要的政經軍等權力展現舞台與接洽點。「全台窗口」的角色，亦使台北確保其發展與存在機會；二線城市如台中、高雄，則為支援者的角色，其重要性隨大時代變遷，而不斷被重新定義；後勤城市，如台南、花蓮等，除受大時代之影響，其發展又受制於周邊地區與台灣整體狀況。至於其他城市間的鄉村地區，則是典型的發展依附者角色，青壯人口外流、農業與技術層級較低的簡單加工業是主要產業。此戰略需求下的區域角色分配，成了今日台灣各不同城市與地區的發展原型。

政治因素，固然影響了各地區的角色定位與機會；然而，進一步帶出並擴大區域差異的則為經濟市場因素，此涉及產業政策、國家預算、市場效應等問題。就產業政策而言，1970年代，台灣確定代工、貿易為主的經濟發展路線之後，1980年代起，政策面開始強力輔導電子代工產業。並以北台灣為主，新竹為核心生產基地，全力發展台灣的電子工業，成為80年代後台灣的經濟主力。國家部門

傾力扶持，在基礎建設、設廠、稅收等，提供優惠。在城市建設方面，台北亦進入大幅改造期，捷運、快速道路、聯外道路等，北台灣的建設，是80年代整體台灣發展的主要著力點；北台灣與台灣其他地區之間的發展差距，也是在此時期，快速被拉開。

　　產業政策與國家資源投入，進一步影響了市場走勢。市場的群聚效應，不僅讓電子業相關之消費、生產活動集中於台北與新竹；金融、通訊、廣告等服務性產業的營運指揮，更是無法離開台北。至於其他公關性活動，如媒體傳播、藝文表演，更是設定以台北為活動範圍，以當地居民為主要目標消費群。資本主義法則中，大者愈大，大者恆大的現象，因而逐漸成為過去二、三十年來，台灣各區域間的相對發展關係。

二、對話與再對話之後的社會認知隔閡

　　台灣的區域差異固然有來自政經政策、歷史宿命面向成因；然而同時，人們的詮釋、社會對話所形成的區域認知，也成為台灣社會對話的文本與預設基礎，影響著人們對於台灣各地區的理解與對差異的看法。

　　事實上人的認知與態度，常是加深區域鴻溝的另一個原因。於今，已很難探究，究竟台灣社會對不同區域的既定偏見，是台灣區域機會與發展不均的原因或結果。以台北為主的北台灣之於台灣其他各地，已有根深蒂固的看

法：一種由上而下的視角，形成台灣社會中，無形卻明顯可感的社會文化衝突來源。例如，中部地區，被視為台北人仍可接受的週休文化娛樂區，濁水溪以南被視為民智未開的草莽之地，東部地區被視為台灣最後一個永續發展的希望。無論傳媒或政府，諸多台北本位的公共論述，均以此視角與思維，與台灣不同地區的人們對話，而屢屢引發衝突。掌握話語與傳播權的台北權力圈人士，面對溝通的障礙，或感挫敗、不解；亦有尋求進一步相互理解者，但多半未果。同時，台北權力圈以外的台灣其他地區，亦對自身被唐突定位、抹以偏差看法，而深感無奈。

就如同任何其他地區，台灣的人們，有著屬於兩千三百萬人的共同命運與環境，也有著深淺不一的區域差異。人們常敏感的捕捉這些差異，詮釋這些差異。姑不論這些捕捉與詮釋是真知或偏見，點滴累積的社會觀點，反映出人們面對區域差異的態度、認知與理解。而台灣社會對於區域差異的對話有著兩種截然不同的話語脈絡；其一是現代主義式的描繪南北差異；其二是帶有濃厚後現代色彩的重構南北差異。

現代主義式的區域差異觀點看台灣的區域差異，常將之簡化為北與南的問題。按照現代化的標準與思維，區別南北。北與南，被詮釋出許多象徵意義：社會關係的差別──北部人冷漠，南部人熱情；經濟能力的差別──北部資源多，南部落後貧乏；文明精緻程度的差別──北部

國際化、夠文明；南部草根本土。在種種象徵意義的對比上，已經暗涵了優劣的價值評比。若仿擬報紙娛樂版的比較法，把南北的各項資訊做成比較表格，北部那一欄是要蓋上一個個大紅色的「勝」。這種粗略的二分法、片段零星的觀察，卻深入了我們的社會文化對話脈絡，進而成為泛泛用以詮釋他人的認知基礎。

這樣的對話場域無所不在。不同世代的人們各自在其熟悉的公共論壇空間裡重複著相仿的對話、複製類似的價值預設。在全台灣最大的網路論壇批踢踢即為一例。批踢踢的主要使用族群之一是大學生，即便學生未必參政，尚未投入經濟生產，但在批踢踢裡，南北議題始終是個討論熱度很高的議題。舉凡選擇學校、交通、生活資源到地方小吃，各種討論中，傲慢（例如「台北人都很冷漠、看不起人」）與偏見（「南部是鳥不生蛋的落後地方」），常是南北學生族群各自看待對方的態度。

然而，當現代主義式的南北差異觀，描述了無奈的南方邊陲角色、宣布了北方的中心霸權，成為社會主流對話脈絡基礎之後，近年來，一種後現代主義式的區域差異觀察視角，逐漸在南方浮現，試圖重新認識南北角色、建構一個不同的北與南。在後現代的區域觀察中，南方可以是一個不同於北方的經驗；在「活出自我、創造唯一」的思考之下，南方可以重新被看見。於是，南方可以不是粗鄙，而是推出電音三太子的新台客文化發源地；南方可以

不用是草根,而是樂活;南方可以不用重拾為北方生產的角色,所以拒絕石化廠、重工業區再進入。「轉型」成了另一種南北對比下的新南方出路,對比的是那個僵固在舊文化中的北方。

然而,南北對話依然有著隔閡。後現代的區域差異觀點,為南方政府贏得選票;在南方的城市被南方政府宣傳著、被實驗著。當南方政府在摸索中試驗著,南台灣是否能走出讓人驚艷的新方向時,南台灣帶著天真與不確定,北台灣則質疑著、帶著那麼一點戲謔與嘲諷。

台灣的區域差異就在彼此的認知與對話落差下,如此存在著。不同版本的區域差異解讀,不同的對話內容,相同的溝通斷層與隔閡。

三、結構性問題的結

綜論台灣的南北差異問題,乃導自結構性成因,外加以政策未曾即時介入處理結構失衡,此外,社會集體心理與對話方式加強化了區域差異的隔閡。層層因素交錯堆疊,造成今天台灣的南北問題。從政治成因、市場與經濟的流向、認知態度的推波助瀾,小小的台灣,存有大大的區域間差異。隔閡,本是人為所致。隔閡所及,卻有加深、失控之虞。致今日台灣的區域落差,顯而可見之例,已不勝枚舉。南北問題,很明顯,是個很典型的結構性問題。

而結構性問題,卻是易結不易解。結構性問題難處之一在於,責任難以歸屬。結構性問題的源頭來自過去。其乃長期、漸進累積而成;所謂冰凍三尺非一日之寒。於今,人們立足於此不均衡的基點,所有的分配、機會自是難論公平。長期的發展不均問題,雖非今人所為,然而今人若無視於此,則只能任歷史遺緒繼續影響人們的生活。

　　結構性問題難解之二在於,政治化,使問題更加糾結。特別是摸索中的民主政治,通常不具有處理結構問題的能力。人們不安,但不是十分確定該把帳算在誰的頭上。政治人物也不安,深恐人們的怒氣帶走選票。執政的一方,表達誠意、安慰人們、試圖做點什麼,但是得到的是人們的毀譽參半、冷嘲熱諷;在野的一方順勢站在人們這一端,摸索著人們的怒氣,助罵出大家心中的恐懼與不安,得到的是暫時的掌聲與另一種懷疑和不安。於是,不知道該對誰生氣的人們、不知道該如何讓人們息怒而顯得笨拙的政府、在僥倖中取巧求生打游擊戰的在野黨,三方造就了一個充滿怨懟與不信任的政治環境,不變的是,失衡的結構依然失衡。

　　結構性問題難解之三在於,自由民主政治無法指揮市場力量的流向。一旦區域發展失衡,社會的經濟供需主力、人力資源的落點、資金的流動等,常會自然流動至高獲利、發展較熱絡的一端。按資本主義的競爭與淘汰邏輯,此自然形成之市場流向,將造成大者恆大,而貧乏者

越貧的兩極化結果。除非大環境出現劇烈變化,或執政者採強勢作為,否則此流向不易逆轉。於是,經濟上越是尊崇市場、政治上越加民主化時,得利與失益者在天平兩端的距離卻越趨明顯,流動的機會越趨模糊,而終至令絕大多數落在劣勢這一端點的人們不安,不敢想像自己的未來終究可有多少希望。

結構性問題難解之四在於,公共資源的投入或不足或方向不對。以區域問題而言,即便是市場導向傾向最強的執政者,也很難無視區域失衡,而會投入不等程度的公共資源,嘗試平衡區域發展。然而,事實顯示,區域平衡投資的實質經濟與政治效益常有限。可能性之一是,政府投入不足。人力、財力不足以支撐起弱勢地區長期再發展之需。特別是民選政府,政息人亡是常見的現象;而處理結構性問題卻需要長期、持續性的投入。可能性之二在於,政府投入方向不對。此類案例顯示,公共投資或許金額、規模皆十分龐大,然而政府的投入與區域規劃卻依然是以原有的結構角色,思考弱勢地區的建設,而忽略弱勢地區對於重新定位自我的渴望。

四、結構性問題的解

台灣的南北區域問題,大抵在上述幾類政經因素交互、來回作用的影響下,而越見複雜。如此致之,何以解之?

綜觀他國經驗與台灣現況，結構性問題的處理，首先，需建立在三大基礎前提上：

1. 在既有結構角色與轉型之間，取得適度的平衡；以逐漸調整結構環境，並尋得該區域未來新的立基點。
2. 兼顧政治、社會、經濟等各面向因素；穩定的權力環境、透明的公共決策、可溝通的社會氣氛得以讓結構性問題有足夠的解決時間。
3. 就具體作為而言，或無法全然寄希望於自由市場—蓋弱勢區域本已不受市場青睞；亦無法全賴政府救濟—除非政治力有足夠資源，能長期、持續投入該地區。由政府擘畫、帶領、協助、輔導弱勢地區產業再造，至逐漸與市場再度接軌，或許是較為可行之方向。

再者，帶動地方再生的經濟規劃，則是另一需著力處。經濟模式的選擇，是規劃思考的重點。

南台灣的經濟弱勢，顯示台灣過去賴以運作的經濟成長模式有其瓶頸。數十年來，台灣靠著低價大量製造、高效率生產、快速運輸、出口貿易帶動經濟；如此多年，而今，一方面已不敵全球化生產移動的挑戰；一方面，勞工薪資、就業品質等難以提升。舊有的經濟模式，雖然有其不可抹滅的重要性，但從結構重整的角度思考之，嘗試並

時政筆記

加入新的經濟模式,是有必要的。

以南台灣為例,在歷經多年的重工業污染、加工出口業興衰之外,或可考慮加入以提升幸福感、生活方式、生命品質為主的社福產業,以社會福利與社會幸福為主要的產品。涵蓋面可及於老年照護、家居美學、休閒娛樂、兒童成長等相關服務與商品;而可納入之行業,有如幼教、娛樂、文創、傳播、餐飲、安養、濱海活動等。政策上,透過創業貸款、創業示範、稅率優惠、工資補助、硬體空間租賃等方式,策略性提升從業者的產品品質與就業所得。

品質與經營方式的提升是重要關鍵。事實上,上述行業,均已存在於當今經濟活動中。但受限於民智、經驗、法規等,不少行業的經營品質有相當大的發展空間。以老年安養照護為例。現存於民間的安養機構,多半僅做到對於長者的生理照護,缺乏精神層面的安養服務。規劃者或可結合國宅、民宿、醫療、保全、教育、娛樂、農業等不同產業資源,輔導引領出高品質的老年生活圈服務。資源整合、方向引導、政策協助,政府可發揮的功能何其多。如此既有助於產業在地化,亦有助於經濟轉型。讓「人」不再只是生產線上的人力機器,而可以是整個社會經濟活動中,既有價、有質、又有尊嚴的服務提供者。

五、結語

　　走過大量生產、經濟起飛、經過政治解嚴、政黨輪替的台灣，逐漸的，進入需要處理「正義」問題的階段；而區域發展，正是其中十分重要的問題環節。無論是政黨、社會、理論學界，如何共同對話，找出台灣社會發展均衡點、面對結構問題的處理態度與方案，將會是下一階段的台灣政治發展中，無可逃避的公共議題。

　　然而區域發展不均，乃一結構性問題；處理結構性問題，有賴於適量的轉型經濟。轉型的關鍵點在於，該地區之經濟活動主力，是否能從「物」的大量生產製造，轉變為「人」的存活品質之提升。

　　台灣的區域發展失衡，是可以處理的，端視我們如何面對它。

時政筆記

回　應

劉明德　助理教授
（國立中山大學公共事務管理研究所）

一、南北差異是偽命題

　　南北差異是偽命題，南北差異不是結構問題，不是歷史宿命，而高雄更不是位於台灣的邊陲。

　　首先，台灣不是只有北部和南部，還有離島、東部和中部。南北本來就會有差異，就如同東南也會有差異、中南也會有差異，即使同樣在南部，台南高雄也都存在差異。即使哪一天，我國的首都遷到了高雄，高雄成為台灣首都，還是存在著南北差異。我們不要落入政客的語彙，我們要問的是，為什麼高雄市擁有這麼多的資源，有國際機場、有國際港、有捷運、有巨蛋、有美術館、藝文中心兩廳院、海洋文化及流行音樂中心、高雄港國際旅運中心、世貿展覽會議中心，有這麼多的資源，最重要的是，有勤奮的人民，而高雄市政府的表現這麼差？遠不如沒有資源的苗栗、宜蘭、嘉義縣市、台南縣市等。所以，問題不是出在結構、更不是台北市搶了高雄的資源、也不是所謂歷史的宿命，而是出在政治人物睜著眼睛說瞎話、是主政者的能力問題，以致於人才一直流失、高雄市一直發展不起來。

其次,真議題是區域平衡、是地方首長的治理能力,是權力分配,是政治人物想要藉此獲得更多支持、更多同情、更多選票,直到有一天,他當權了,南北差異這個議題就會在一夜之間消失。

二、為什麼會有南北差異這個詞?

做社會科學研究的人,必須去瞭解政治人物每個口號、每個主張背後的意涵,而不應隨著政治人物的說詞起舞。就筆者理解,南北差異剛剛好是一個政治語言,目的有三:分化、卸責和製造悲情。總而言之,奪權就是這個政治語言最後的目的。

第一、分化南北,才能在政治上得利,藉此轉變高雄市民的政治認同。政治語言南北差異的意涵在引導高雄市民,國民黨不愛高雄,只有民進黨才愛高雄。在這個邏輯推論之下,高雄市民沒有選擇,只能支持民進黨。

第二、推卸。不推卸,如何解釋高雄市在綠色執政已經10多年了,人才流失、經濟表現差,失業率高?一路走過去,不是租就是售。難道要承認自己無能?

第三、製造悲情、凝聚向心力。這裡所謂製造,指的是無中生有。政治人物不需要製造、也不需要渲染南北差異的悲情,更不應該把2,300萬人都帶進南北差異的虛妄世界,以假做真,結果是治絲益棼,重要的事情不做,只想重分配。以全台灣而言,分配不均是有的,而且,也一

定有,但高雄還沒有資格說這句話。因為高雄分到的蛋糕比別人都大。

基於上述的作用,因此,高雄以及南台灣才成為民進黨的根據地。

三、南北差異的內涵是什麼?

(一)政治立場上的差異

如果南北差異指的是政治立場上的差異。那麼,這差異確實很大。這時候,我們要問,何以會有這個差異?有沒有辦法改善?

如果南北沒有政治立場的差異,那麼,民進黨的政治人物就會失去舞台,而這是目前不可能發生的事情。換句話說,南北的政治差異是目前必然存在的現象,差別只在於差異大或小。

就國民黨而言,國民黨的問題是如何擴大政治版圖,政治版圖擴大了,南北的政治差異也就變小了。當國民黨有一天能在高雄推出真正的人才,而不是推出很會唸書的專家學者,而是選舉上的戰將,有著開疆闢土精神,同時也是治理上的長才,那麼,政治上的南北差異就能慢慢縮小。我們可以這次斗六市長補選得到明證。雲林是一個已經被綠化的地方,為什麼在綠營執政的縣市,國民黨提名的候選人可以當選,原因不在於意識型態,也不在於學

歷,而在於找對人。如果這次又找一個不會選舉、也不曾經營地方的學者下去,就一定會穩死的。所以,關鍵在於是不是人才,而不是學歷、背景或意識型態。

就民進黨而言,如果,國民黨的人才一直萎縮、不得其位,則不止南北差異會越來越大,中央執政權將長期由民進黨掌握,到時候,整個北台灣都會綠化,也就不會有政治上的南北差異。

筆者認為,國民黨沒有用對人才,所以政治上的南北差異才會越來越大。而民進黨的治理人才不足,才會出現像高雄這樣,打下江山,卻治理不了江山的局面。

(二)資源分配上的差異

把高雄市和台北市拿來相比,以此證明南北差異,南台灣遭受多大的歧視和委屈,這種比較是不倫不類的類比,因為,兩者並不是同一個量級。台北市有兩種身份,她不只是直轄市,還是首都,而首都佔據了最多的資源,這是事實,卻也是應該的,在全世界都是如此。全台灣只有一個首都,而首都需要有首都的配備。對此,無可爭議。因此,如果我們要比較南北在資源分配上的差異,我們應該拿高雄市和新北市相比。因為兩個都是直轄市,沒有第二個身份。一比發現:高雄市多麼幸福,中央政府給了她那麼多資源,全台灣真正的三等公民是新北市民。藝文中心兩廳院總經費99.5億,中央買單;海洋文化及流行

回　應

音樂中心50億，中央買單；高雄港國際旅運中心28.5億，中央買單；世貿展覽會議中心30億，經濟部買單；鐵路地下化工程998億！！幸好這也是全由交通部來買單……這些進行中的重大工程都花不到市府半毛預算……全額由中央補助！高雄捷運總經費為1,813.79億元，中央政府補助65%，高雄縣市政府只要出資17.5%。高雄市真是幸福，新北市有這麼好嗎？

再看統籌分配稅款的分配，由下表可知，在今（100）年度的統籌分配稅款裡面，高雄市民平均每人分到7,787元，台南市民平均每人分到7,916元，可憐的新北市，平均每人只分到5,817元，準直轄市桃園最可憐，平均每人只分到5,079元，新北市和桃園縣是全台灣各縣分分配倒數第三名和第二名。以高雄市和新北市比較，每位高雄市民所分配到的統籌分配稅款比每一位新北市民還多了34%。依此，高雄市分配到的蛋糕比新北市多，而高雄的政治人物說，台北搶了高雄的資源，這種說法不只不符合事實，還有誤導視聽的作用，非常不道德。

表1　統籌款分配表

各縣市統籌稅款分配金額

縣市	分配金額（億元）2010年	分配金額（億元）2011年	人口數（萬人）	平均每人分配統籌款稅額（元）
台北市	370.54	322.59	260.54	12,382
新北市	286.95	226.21	388.90	5,817
大高雄	173.58	215.89	277.23	7,787
大台中	87.91	177.75	264.27	6,726
大台南	84.88	148.35	187.40	7,916
桃園縣	63.15	101.89	200.62	5,079
彰化縣	58.24	63.75	130.87	4,871
屏東縣	52.05	54.45	87.71	6,207
雲林縣	46.78	50.86	71.82	7,081
南投縣	37.70	39.36	52.79	7,455
嘉義縣	34.67	35.99	54.44	6,611
苗栗縣	30.16	33.19	56.02	5,925
新竹縣	27.24	30.68	51.09	6,005
花蓮縣	28.39	29.63	33.97	8,723
基隆市	25.99	27.61	38.55	7,162
新竹市	22.29	27.29	41.35	6,600
宜蘭縣	25.40	27.10	46.07	5,883
台東縣	25.11	25.17	23.14	10,876
嘉義市	16.06	17.29	27.28	6,337
澎湖縣	13.43	13.64	9.64	14,144
金門縣	10.54	10.69	9.54	11,204
連江縣	2.47	2.56	0.99	25,790

說明：各縣市人口數為今年七月底資料
資料來源：財政部國庫署、內政部統計處　　製表：記者鄭琪芳

資料來源：自由時報，2010年9月15日，五都統籌款每人平均新北市最少。

（三）產業結構上的差異

　　南北產業結構上的差異確實不同。台北市以服務業為主，高雄市以工業和重工業為主。這種產業分工並沒有什麼不好。每個城市要發展他的特色，不需要跟別人一樣。

依筆者淺見，高雄市可以向兩個德國城市學習，一個是與高雄一樣，同樣位於南部的慕尼黑，它是一個商業中心，也是一個工業中心，是BMW、西門子、安聯保險、MAN（卡車製造）等國際企業的總部，也擁有德國第二大機場。高雄可以學習的第二個德國城市是一樣擁有海港的漢堡市。漢堡市除了是海港之外，也是飛機製造商空中巴士（Air Bus）的製造基地，也是整個北歐的鐵路運輸樞紐。這些，也就是城市本身的資源稟賦都和高雄類似，差別在於，他們的治理能力比高雄更傑出，因此，也就不需要去找一個藉口來博取同情。這裡還要說明，雖然慕尼黑和漢堡都不是首都，但是，他們的經濟表現卻是比首都柏林好多了。這意味著，治理能力和資源多寡並沒有因果關係，這一點在德國如此，在台灣也是如此。

（四）治理能力上的差異

在治理能力上，南北其實沒有太大差異，同樣乏善可陳。台北市擁有首都的資源，數十年來做不出首都的格局和氣魄，還一直停留在路平專案。

固然高雄市在國民黨執政時期，沒什麼長進，但即使是民進黨執政的這十多年還是沒長進，差別只是比較會打燈光、比較親民罷了，這一招讓高雄市民有爽，爽完之後的隔天，卻感覺很空虛。

高雄太可惜了。擁有得天獨厚的自然條件，有山、有

海、有河、有港、全年陽光普照、氣候宜人，人民既純情又熱情。面積在五個直轄市中最大。漁產量也全國最多。人口277萬全國第二多。擁有台灣第一大港口、第二大國際機場，是東南亞、印度洋與東北亞間海上航運的重要轉運中心，貨櫃吞吐量曾達世界第三、大公司中鋼、中船、中油都落腳在高雄。

雖然高雄市擁有如此優異的天然稟賦，但市府領導的能力欠佳，以致高雄市的失業率居高不下。高雄市100年上半年的失業率4.5％，在全國22個市縣排名第四高，五都裡面，跟台北並列最高。

何以高雄市擁有高失業率？本文認為是因為高雄市治理存在兩個死穴：

1. 欠缺治理能力

   一位領袖能親民最好，但是，親民不是領袖必備的條件。依筆者所知，領袖需具備遠見和帶領人民走出困境兩項核心能力。當前的高雄市長無疑是親民、有膽量、有氣魄、會拿麥克風、會跳電音三太子，然而，要說到治理能力，似乎牽強了一些。

2. 過份的政治化

   政治化的意思很簡單，就是區分敵友，而沒有專業；為了選舉，不擇手段。這就是政治化。例如：八八風災時，高雄市長邀請達賴喇嘛來為台灣人民祈福。她說：「光是救災是不夠的，台灣現在需要

的是心靈撫慰的力量」。這種說法恐怕是侮辱了台灣的高僧，言下之意是台灣沒人了，所以需要外來的和尚。何況，小林村的災民主要是基督徒，找一個喇嘛根本是牛頭不對馬嘴。接著，又從事播放疆獨主張者的紀錄片。這些做法對治理高雄、增加就業機會和安撫災民的心靈不只毫無幫助，恐怕還會適得其反。即使辦理「市長與市民有約」，一個市長帶了三位副市長、各局處主管、業務人員受理民眾陳情，這種做法固然親民，但這又是政治化的手段，能增加選票，卻解決不了實際問題。

在這裡，筆者想稍做說明，政治化能力沒有不好，但不要用錯地方，陳市長只有政治化能力而無治理能力。既然如此，高雄市的經濟發展也就難以期待，即使高雄市有全台灣最得天獨厚的天然資源也使不上力，剩下的只是高雄市民的天真和純樸。我本身是台南縣民（現在已經升格為市民了），所以，無米，樂啦！至於高雄市民，失業，樂啦！

四、對真命題區域平衡的建議

筆者用區域平衡這個中性、客觀和實際的詞取代南北差異這個虛假的政治語言。為了改善五都新制可能造成的資源更加集中，區域發展更不均衡的情形，筆者提出促進區域經濟平衡發展的政策建議：

（一）設置縣市平衡發展基金

成立「縣市平衡發展基金」或「區域平衡發展基金」，專門用於援助財政困難的縣市以及發展落後或偏遠地區，以協助其經濟發展，擺脫貧窮。台灣不是只存在台北和高雄兩個城市，中央政府只給會哭的孩子糖吃，這種做法是不對的，中央政府更應該照顧落後地方。

（二）完善區域平衡發展的法規體系

我國憲法第147條規定：「中央為謀省與省間之經濟平衡發展，對於貧瘠之省，應酌予補助。省為謀縣與縣間之經濟平衡發展，對於貧瘠之縣，應酌予補助。」以及第163條規定：「國家應注重各地區教育之均衡發展，並推行社會教育，以提高一般國民之文化水準，邊遠及貧瘠地區之教育文化經費，由國庫補助之。」以上是我國憲法裡面有關區域平衡的條文。從憲法文意來看，我國並不是很重視區域平衡，因為政府只對「貧瘠之省（縣），應酌予補助」，對「邊遠及貧瘠地區之教育文化經費，由國庫補助」，並非如德國基本法明訂，要達成「在聯邦領域內創造同等生活條件」、「改善區域經濟結構，達成全體生活條件的改善」。因此，本文建議，在下次修憲時，應將區域經濟平衡納入憲法增修條文。同時，在憲法的基礎上，制訂促進區域平衡的相關法律，例如「改善區域經濟結構法」，讓每一個縣市政府、每一個縣市民都沒有被歧視的感覺，達成全國境內生活水準大致一致。

（三）設置區域平衡委員會

在經濟部之下成立區域平衡委員會，為一常設組織，定期開會，由經濟部長擔任會議主席，而財政部、經建會等中央相關部會、各縣市長等為成員，針對區域經濟政策、國土規劃、與縣市利益攸關的政策進行磋商。同時，各縣市在此委員會中可以展開縣市間的開發合作計畫、討論資源分配等等問題。

（四）發展多中心的國土空間規劃：向德國學習

為了達成區域均衡發展的目標，我國政府應分散資源到各個城市，如此，其他縣市才有機會擺脫困境，都市也不至於過於擁擠。另外，本文認為，各個縣市必須找出自己最適合發展的核心產業，以達到聚集經濟效益。同時產業要多元化，避免單一產業容易受到外界波動影響，就如同德國的很多城市，本身都擁有多個重點產業，例如：人口22萬的弗萊堡除了是太陽能產業的重鎮之外，環保、醫學和生物科技也都是其支柱產業。

（五）完善社會安全體系

隨著老年人口逐年增加，高學歷高失業率成為常態之後，政府應該擴大失業給付範圍以及社會救濟，而老年長期照護等社會弱勢救助也應及早納入社會安全體系，這是一個現代國家應盡的責任。這一部分一定要由中央政府來做，才能減輕貧窮縣的財政負擔，而有助於平衡區域發展。

五、筆者對港市合一問題的看法

不適合,因為營運競爭力將因此更為下滑。原因有五:

1. 盈餘歸誰?

   高雄港務局一年有38億盈餘。利益應歸全國國民,而不是高雄市政府。如果不是因為高雄港務局有大量盈餘,我不知道,高雄市還會不會爭取港市合一?

2. 不放心高雄市的治理能力

   高雄捷運現在是高雄市政府委託高雄捷運公司在經營,結果,一年虧2、30億(大眾運輸使用率目前僅約10.8%)。如果高雄港歸高雄市政府,恐怕會轉盈為虧。

3. 留不住人才,問題更糟

   高雄市政府應問問高雄港務局的員工,是要隸屬於交通部呢?還是願意隸屬於高雄市政府?我個人猜測,即使本身是住在高雄的港務局員工,也不會想要隸屬於高雄市政府。因為,人往高處爬,可以到中央,為什麼會選擇到地方?錢比較少、職等比較低,人才不會去。結果就是惡性循環,變成另一個高雄捷運。

4. 憲法依歸

   高雄港是國際港，而一個國家的國際港應屬於中央政府所有，而不應屬於地方政府。畢竟，在該港出入的貨物不是只運送到高雄市境內，而是分送到全國各縣市。而且，依據憲法第107條第1項第5款規定，航政屬於中央政府立法並執行事項。憲法第108條第1項第6款規定，航業屬於中央立法並執行事項或交由省縣執行之。而高雄港屬於台灣最大的國際港，依憲法規定，當然由中央政府立法並執行。

5. 行政效率

   一旦港市合一，未來高雄港的競爭力將嚴重流失。由於台灣不是只有高雄港一個國際港，還有台中港、基隆港、花蓮港，一旦港市合一，各港在激烈競爭的環境下，能否一致對外是一個問題；各港能否確實分工，而不至於資源重複，又是另一個問題；彼此之間的資源整合、衝突協調，又是一個問題。而這些問題要能解決，最好藉由中央統一指揮。因此，反對港市合一。

六、高雄什麼都好，就是部分政治人物不好

筆者有幸到中山大學任教，現在就住在高雄西子灣旁邊。就筆者的體驗和觀察，住在高雄至少有十大好處，這是住在台北沒有的。

時政筆記

1. 各種自由度增加：紅綠燈參考用；隨便穿，可以不用穿西裝打領帶，免掉這些文明的束縛。
2. 房價低，可以買透天厝。在台北，不要說買一間公寓，就是租也租不起，這也是為什麼原本在台北市租房子的人都要逃離台北市。
3. 物價低：在高雄，50塊錢的便當就可以吃飽；一粒水餃只要3元，我們知道，位於台大法學院旁邊的龍門客棧一粒水餃要賣7塊，不是龍門，也要賣5、6塊。依照我自己發明的水餃指數，台北的物價是高雄的兩倍。
4. 一年到頭陽光普照、氣候宜人，不會得憂鬱症。台北市的夏天夠悶熱，冬天有夠濕冷，足以讓人得憂鬱症。從氣候條件而言，不適合人居住。
5. 人民既純情又熱情。到處有溫暖。
6. 競爭少，快樂多。生存容易、生活容易、壓力小。
7. 人際互動多、彼此認識、可互相照顧。在台北，沒空！
8. 空氣流通，不用開冷氣，傍晚的海風讓人心曠神怡。不像台北到處高樓林立，像蒸籠、密不通風。
9. 生活步調緩慢。可以慢慢做研究。和家人有更多時間相處，家庭生活更美滿。
10. 各種污染：環境、噪音、空氣、塞車沒有台北嚴重。

11. 人口密度低、馬路寬敞。不像台北擁擠。人口密度低、馬路寬敞。不像台北擁擠。

　　實際上，高雄市民已經擁有很多，而高雄所擁有的，卻是台北人所沒有的，也是台灣其他地方沒有的。筆者覺得高雄什麼都好，就是部分政治人物不好，專門從事分化工作，分化南北、分化省籍、分化語言、製造愁緒、哀怨和仇恨讓人不快樂，這一點讓人非常失望。

時政筆記

台灣的產業政策、總體環境與永續成長

葉國俊　副教授
（國立中正大學經濟學系）

一、前言

　　本文所稱「產業政策」，非僅侷限於學理中對於產業組織所進行的個體經濟研究，而是針對我國政府目前的產業發展方向（如行政院所揭櫫的六大新興產業，四大智慧型產業，以及十大重點服務業），政府政策如何因應，及其是否仍有不足之處，進行申論分析。以此方式進行，在於呼應英國經濟學家凱因斯，將所謂「風險」與「不確定」進行劃分的作法。前者引伸廠商的投資策略或有成敗，但決策盈虧自負，政府勿需干預。然而後者卻指出法規制度、政府行為與跨國協調合作的良窳，卻可能使個別產業即使全力進行規劃與避險，仍無法避免損失。因此，我們仍將以政府政策為主軸，探討以下三個面向，俾就我國產業經濟發展的正負面效應，提供思考改進之處。

二、ECFA與永續成長

　　儘管中資來台與ECFA是兩岸交流多年累積的成果，

不能僅歸功於任一政黨。但不可諱言,這是馬政府上任以來最令國內外矚目的政策措施。尤其簽訂時中、日、韓間的自由貿易協議並不順利,也使得它獲得了不少來自國外的好奇與關切。更重要的是,在新任政務委員朱敬一上任前後,不斷強調ECFA對於發展六大新興產業(即生技、觀光、綠能、醫療、文創、精緻農業),進而形成我國未來經濟持續增長動力的積極意義,未來兩岸經合會的共識執行,也就非常重要。然而,「期待或指望國與國之間有真正的恩惠,實乃最嚴重的錯誤」。ECFA能否成為台灣經濟成長動力,實須謹慎關注步步為營。

根據2010年6月29日所簽署的第一、二、八條與附件四,協議的目標在於促進商品與服務貿易進一步自由化,故應逐步減少或消除相關限制性措施,促進雙向投資。雙方並同意就協議附件四所列服務貿易部門,實施早期收穫計畫。回顧過去廿餘年來,兩岸的貿易與資金流動,即使不能排除經由第三地進出台灣的可能性,但在許多限制控管下,絕大多數資金往來係自台灣單向流入中國,應是可信的說法,這也常被視為我國經濟發展與就業每下愈況的主因之一。儘管2009年起我國開放中資來台迄今,來台中資企業與金額僅分別為50餘家約1億美元左右,但仍可期待未來在各項ECFA細部協商陸續完成後,過去的單向資金流動應能獲得一定程度的改善。只是這樣的發展趨勢,或將引發新的疑慮與問題:

1. 一些國外的評論亦對ECFA持正面評價,認為過去國外企業對台投資意願不高,係因兩岸經貿管制之故。因此ECFA的意義,不僅僅在於引進中資,更重要的是引進具有高技術與高附加價值的國外企業投資,並將台灣視為前進中國的跳板。根據經濟成長理論,資金流入累積促成知識技術的創新(例如前文所述的六大新興產業),才能產生持續不斷的經濟成長動力,而ECFA是否具備這樣的功能,使外資流入台灣的金額與結構產生顯著的變化,是我們必須持續觀察注意的。

2. 根據同樣的邏輯,儘管許多人對於台資回流或中資來台有所期待,認為這可對過去十年經濟成長顯著停滯的台灣有所助益。過去台資與外資之所以有助於中國經濟的發展,顯然是因為促成技術層次提升,且利用其充沛要素與勞力之故。但資金流動並非「可逆反應」,若這些回流資金或新投資不具備或無法產生高知識技術與附加價值,則無法成為促進經濟成長的動力,甚至可能成為引發國內資產價格膨脹,以及銀行危機的亂源(詳以下第三段論述)。換言之,我們要如何引導中資、外資與回流台資,並採取適當措施使其有助於我國經濟發展,是一個很大的問題。

3. 另一個值得憂慮的問題,在於ECFA雖開啟了資金雙向流動之門,但在人民幣金融市場日漸壯大,且所謂早期收穫計畫內容仍不盡完善之下,反可能促使我國許多產業如汽車、面板、石化等,加速對中國的投資行動,形成中資尚未來台,台資赴中國反有增無減的情況。根據前述原則,必須適度拿捏台資赴中與中資來台的產業結構,方能使我國的經濟發展與就業獲得保障。

　　雖然各產業的細節仍有待協商,但兩岸投資與資金流動鬆綁在ECFA簽署後已成為原則。這樣的發展趨勢能夠使我們樂觀看待未來台灣的經濟發展嗎？如果我們以經濟金融整合具代表性的歐元區,及其持續向東歐擴展的進程做為借鏡,卻會發現不少問題。例如1999年歐元出現後,已有效消除匯率波動風險,但除愛爾蘭與西班牙等少數國家,各國經濟成長仍未如預期。這段期間國際經濟景氣不佳固然是重要因素之一,金融整合與貨幣同盟並未使各國法規制度有顯著改變,降低系統性風險與實質利率,引發知識技術的累積與引進,進而啟動上述一連串內生經濟成長機制,是可能的解釋理由。而在斯洛維尼亞、斯洛伐克與愛沙尼亞分別於2007、2009與2011年加入歐元區後,其他經濟規模大小不等的東歐候選成員國,能否在與歐元區固定匯率並加速進行金融整合的過程中,使西歐先進技術

資金流入，啟動上述內生成長機制，也是另一個值得我們關注學習的範例。

2009年7月至今（2011）年6月底，中資來台累計核准156件共1.53億美元，但我國僅今年上半年赴中國投資金額即達71.24億美元。我們仍應對未來的發展抱持樂觀態度，但更重要的是預先規劃並及早提出因應之道。簡言之，除了關注ECFA最新發展與條文規範，並就經濟理論預測其可能效果之外，以其他國家區域作為研究對照的對象，預測ECFA對於台灣經濟發展的效益與成本，也是可行的作法。

三、產業發展，所得分配與總體政策

在ECFA與新興六大產業的發展架構下，我國可以思考哪些產業有助於永續成長，哪些產業的未來有待釐清，以及政府政策的方向為何。目前我國的產業結構與政策導向，或可用以下三點簡述：

1. 電子產業與金融服務業似仍被期待為發展主軸，其創造就業與所得的能力則待商榷。被歸類為傳統產業者（例如紡織）仍具創匯獲利能力，也被期待朝高附加價值邁進，但所獲得的資金人力技術支持仍有待加強。

2. 在日本核電事故與國光石化議題之後的環保低污染訴求下,高價能源與原物料時代即將來臨。
3. 值得一提的是,這段期間我國的貨幣與匯率政策時遭批評,被認為是能源與原料價格低估,導致使用效率與附加價值低落的主因之一。

在上述背景下,我國平均工資水準10年來成長有限,但2009年所得最高10%族群與最低10%者,平均所得差距卻拉大至28倍,顯示我國的產業結構與經濟政策,應有討論的必要:

首先,經濟學中的效率工資理論,認為在既定商品價格下,若某產業可根據員工效率決定工資,則可能使其明顯高於勞動市場均衡水準,進而令「非自願性失業」成為常態。儘管理論並非萬能,但它的假設與所敘述的情境,與我國以專業代工為主的電子業現況十分近似。換言之,如果情況依舊且無完備的社會福利政策,失業與所得分配逐漸惡化似難避免。未來若中國與其他國家資金流入不具備知識技術能力且轉向資產市場(詳第一節的論述),且我國資金技術持續外流,局面可謂雪上加霜。

其次,政府的總體政策對於既有以及具潛力產業的發展,仍有不可忽視的影響力。金融海嘯後,國際貨幣基金IMF一改過去對於資本管制的否定態度,進而主動研擬全球資金流動控管的統一架構,我國央行亦早已進行資本流

動與資產價格監控。匯率的穩定甚至低估,一般認為不利於產業技術升級,也等於是承認我國在目前全球產業分工固定不變的角色。然而,從另一個角度來看,產業升級本非易事,放任匯率浮動能否促成產業升級尚未可知,反可能加速相關產業出走或萎縮。尤其台灣經濟規模較小,倡言擴大內需並以之作為成長動力實非易事,對於出口的依賴仍不可免,因此能源與原料價格的變化,將對國內各產業上中下游的分布與未來發展產生顯著影響。

　　第三,儘管如此,但馬政府在日本核電事故與國光石化議題之後,幾已確立高價能源原物料與環境保護的方向,只是在轉型過程當中,發展節能產業進而爭取領先地位所費不貲,同時又須兼顧既有產業的發展轉型。由於我國資源技術人力均屬有限,勢必以擇要單獨研發,其餘則採國際合作的方式進行。若能以中國作為市場且妥為保護自有技術優勢,則可進一步降低成本並獲得發展。

四、資產市場與產業發展

　　第一節曾提及ECFA與人民幣國際化對我經濟成長的可能影響,然而金融業的發展及其對於實體面經濟的效應也不容忽略。資產市場常泛指股票、證券與不動產,與一般所稱資本市場的長期資金交易有所不同。多數歐美國家與我國,近十年均經歷房地產市場的榮景,直至2007年次貸風暴之後,才出現了顯著修正。然而,這又與我國政府

所揭櫫的產業發展方向有何關聯?可能造成何種正、負面的影響?筆者以為,在金融海嘯與兩岸經濟逐漸走向開放之後,我們必須將這些問題的現況一併考量,才可能實現產業與經濟發展的永續成長:

1. 東亞國家與歐美情況不同的是,前者目前正面臨美國進行二次(甚至是三次)量化寬鬆之後,所激發的巨額國際資本流動。若未能進行有效控管,將資金導向生產部門,反使其大量進入資產市場,則可能又將重蹈過去資本流動逆轉,導致金融市場危機、貸放枯竭與經濟衰退的覆轍。

2. 台灣又與其他東亞國家所不同者,在於除上述國際資金流動之外,還需面對未來中國資金開放的問題,這部分我們已在第一節文章中略為涉及。中國的資金與市場,是我國新興產業永續發展的機會,但同時也是台灣資金與原有產業加速外流,以及陸資可能流入我國資產市場的挑戰。儘管我國對此已有防範(例如對中國自然人置產許可制與居留4個月的限制),但樂觀預期仍可能引發資產泡沫。

3. 如果資金流動、資產市場與國內產業發展具有連帶關係,則我國的因應之道為何?能否自國際經驗獲得一些啟發?

首先，金融面衝擊的確會對實質面經濟造成影響。美國學者 Reinhart 與 Rogoff 曾根據過去數百年的金融危機經驗，歸納出一個因果與先後順序的規律，即(1) 資本流入外債增加→(2) 國內貸放增加→(3) 資產價格膨脹→(4) 資本報酬遞減經濟成長減緩→(5) 資產價格下跌→(6) 過度貸放與呆帳導致銀行危機→(7) 外債壓力與政府紓困所導致的國內或國外債務危機→(8) 資本外逃導致的匯率危機→(9) 匯率貶值導致的物價膨脹危機。

　　現今美國聯準會主席Bernanke上任之前的學術研究，曾指出美國1929年起的經濟大蕭條之所以延續近十年，在於因聯準會未能持續採取寬鬆措施，使金融部門一直無法恢復危機前的規模。原本借貸不易，卻又是一國就業主力的中小型企業，因而更加難於獲得資金支援，失業與經濟表現因之持續低迷。

　　其次，由上述經驗可知，銀行危機乃是一切金融危機與經濟大幅衰退之始，而它又源於資本流動與資產價格變化，因此必須自源頭加以監控管理。換言之，資本流與經濟大幅衰退動控管的本意，不在於任意干預市場機能，而是因為它不僅維繫了國內金融秩序的穩定，亦有助於國內實體面經濟的穩健發展。

　　第三，即使國情有所不同，但國際經驗仍有助於思考如何維繫資產價格的穩定。以標榜社會主義，且近十年房價未如英美等國波動的德國為例，除透過補貼、賦稅減免

與住宅投資低利貸款等措施,迅速解決曾出現於兩德統一時期的嚴重住宅短缺外,其他包括抑制投機與鼓勵租賃或長期持有的租稅制度,租金管制與保障房客的政策,使房貸需求不受利率波動影響的固定利率貸款等制度措施其他包括等等,仍是值得參考的方向。

總結以上三個面向,最後仍要強調的是,我國已有正確的新興產業發展方向,而穩健的總體經濟政策,以及健全且不受資產價格波動影響的金融體系,將有助於引導國內、外與中國資金挹注其中,協助扶持其發展壯大,使我國在產業調適升級的過程中,獲得經濟增長與所得分配雙贏的機會。

回　應

靖心慈　副研究員兼任資訊輔佐組組長
（中華經濟研究院台灣WTO中心）

　　台灣本身的天然資源有限，但是過去歷史上確是扮演貿易跳板的重要角色。在推動出口擴張政策的年代，台灣積極推動島內的基礎建設，業者足跡跑遍了全球各地，透過農產加工品和製造品的生產和出口，帶動了國內服務業的發展。

　　至2010年，農工服務業的產值占GDP比重分別為1.6%、32.3%、66.1%；農工服務業的就業人口占總就業人口比重分別為5.3%、36.3%、59.4%。我國自2004年起已開始重視服務業之發展，以因應歐美亞區域整合之貿易板塊改變、保護貿易主義與自由貿易均盛行、全球暖化重視環境保護及節能減碳、全球資源爭奪、製造業外移、網路商業模式、國內老年化及少子化等問題。

　　我國對外投資件數和金額為51,534件和1,629億美元；亞洲占最多，計42,658件和1,172億美元（大陸占亞洲之90.7%和83.0%）；美洲次之，歐洲再次之。對外投資服務業之總件數和金額，占總體的24.0%和32.9%（中國大陸占比為15.6%和13.2%，其他地區占比為49.2%和62.0%）。對亞洲投資主要集中於金融及

保險業（44%）、金融控股業（15%）、批發及零售業（18%）、資訊及通訊傳播業（6%）、運輸及倉儲業（5%）和不動產業（3%）。前五項占我對外投資服務業金額的95.3%，占中國大陸的61.0%。對中國大陸投資於專業——科學及技術、藝術——娛樂及休閒、住宿及餐飲、支援服務業，也占相當份量。

華僑和外國人投資我國件數和金額為28,009件，投資總額為1,110億美元；投資項目集中在金融及保險、批發及零售、金融控股業、資訊及通訊傳播、專業科學及技術、住宿及餐飲、運輸及倉儲、不動產服務業，占比95.9%。

2010年全球商品貿易總額成長21.5%達29.9兆美元，其中出口金額為14.9兆美元、進口金額為15兆美元。歐洲貿易總額11.5兆美元占全球38.3%最多；亞洲9.2兆美元占30.7%；北美洲4.6兆美元占15.5%，之後陸續為中東（5%）、中南美洲（3.8%）、獨立國協（3.4%）、非洲（3.2%）。亞洲地區與我國之連結性已經越來越高。生產性服務業（如金融、保險、法律工商服務、經濟等）及流通性服務業（如批發、零售、餐飲、物流、進口貿易、支援性服務業等）需求將會伴隨著增加。

我國廠商由於進行「台灣接單、海外生產」的三角貿易運籌操作，在台生產逐漸朝中上游中間財生產的趨勢，一般生產製造都外移到其他國家，反而需要專業研發和管

回　應

理人才,因此造成國內就業市場供需的不銜接。另外,與國外供應鏈越長時,留在國內越上游的廠商越會受到國際因素的影響,因此需要更多的資訊和事前研判,以減少負面的衝擊。

　　現階段我國貿易政策有二,一是全球連結,要開拓經貿版圖以提升我貿易競爭力——政府秉持「深耕台灣、連結全球」的經貿發展戰略,積極推動各項多邊貿易政策及雙邊貿易政策,以提升我國貿易競爭力;要以台灣為核心拓展全球與大陸市場商機——全方位爭取貿易機會、重點市場加強拓銷、輔導汽車零組件專業貿易商計畫、促進服務業國際化、提升會展產業競爭優勢、推動「品牌台灣發展計畫」、協助廠商網路行銷、培育國際行銷人才、加強出口拓銷措施。二是以兩岸連結突破參與區域整合瓶頸——為避免我在區域經濟整合體系中被邊緣化而積極與中國大陸簽署兩岸經濟合作架構協議(ECFA)、並推動我與其他重要貿易對手國洽談雙邊「自由貿易協定」。

　　從我國加入世界貿易組織以後,國內政策推動的主要方向有下列幾點:(1)加強知識、資訊、語言等方面人才培訓和引進國外專業人才;(2)應用知識和資訊促使新興產業發展,維護既有主力產業成長,並協助傳統產業調整轉型;(3)改善國內運籌和供應鏈;(4)鼓勵研發創新;(5)創造差異化服務,協助發展品牌、認證;(6)健全服務業統計;(7)鎖定之產業有生物科技、綠色能源、精緻農

業、觀光旅遊、醫療照護、文化創意業、物流、電信及技術服務業、半導體、影像顯示、數位元內容、生物技術等；(8) 投資生活環境也吸引觀光客。

綜合來看，當前多邊談判進展緩慢，我國談判重心主要在ECFA和台星FTA，另外亦積極拓展與東協國家和澳紐之關係。由於不同國家的文化背景和法規制度差別很大，我國必須花費較多的精神，整合各部會和業者的能量，決定我國產業政策重視的優先項目，結合內外的需求，來推動雙邊談判的開放行業。多利用瞭解談判對手國之人才，建立排除兩國國內規章差異產生問題之機制，強化公務和調查統計工作，協助我國業者在內有良好成長環境、在外有個公平競爭環境，業者自然就會順利的發展，帶動國內的就業和所得增加。

回　應

張弘遠　主任
（致理技術學院國際貿易系）

一、台灣產業政策的發展與重點

　　台灣產業政策的發展模式由過去的「政府主導」，轉換成為「政府輔導＋市場引導」，然而這種做法在產業外移之後，頓時之間，政府輔導措施出現錯位，一方面政府過去所扶持的資訊產業因為採取全球運籌，故紛紛將生產基地外移至境外，對其之輔導作為和本國經濟間之就業關連或GDP關連性降低；另外一方面，留在台灣國內維持生產之廠商或因規模不足、或因條件不符，所以並未得到政府政策的協助。其結果使得近年來，台灣的產業發展朝向兩岸分工、中間財貿易的情況，而這對於台灣經濟成長的貢獻有限。

　　綜觀目前台灣產業政策主要的問題是無法確定市場關係，過去台灣產業輔導政策很清楚，選定國際市場所需要之產品生產環節，設法作為最終商品提供者或是供應鏈之一員。然而，其後因為台灣經濟發展的問題，使得整體產業發展面臨後進國家的追趕，為此，政府採取了輔導產業升級的方式，希望透過此舉來強化廠商經營與競爭的能

力;然而最近由於全球市場格局出現變化,進而使得主要消費市場疲軟,而新興市場國家的快速發展,使得供應鏈與商品鏈重組,而新興市場國家的消費者需求與市場交易規則與先進國家有所不同,為此使得台灣產業發展出現問題,新興產業的扶持無法收效,而產業升級的輔導廠商所銜接的先進市場需求又快速下滑,進而讓整體產業經濟的運作失去了過去穩定的步調。

二、ECFA

2010年6月,ECFA簽署通過之後,雖然在短時間落實了兩岸政治氣氛改善與經貿交流加溫的預期,但是後續早收清單商議過程,卻並未盡如台灣產業界之預期。特別是汽車、石化、機械產業等,由於類似產品在目前大陸市場中擁有較高的市場需求,此波未能趕上,使得相關廠商必須要改變經營策略,思考生產佈局。

不過,若檢視ECFA之後台灣進出口貿易的表現,則僅以2011年第一季出口大陸金額便高達295億美金(295.44億),如果跟去年第一季相對來比的話,總額的成長是16點多(16.21%),而早收(項目)的成長有21.59%。農業產品部分,今年(2011)的Q1出口是3,183噸,成長122%,而出口值增加3,300萬(美元),成長的倍數是16倍。換言之,ECFA對貿易創造的效果正快速浮現。然而ECFA之問題在於政治因素,近來民進黨總統候

選人蔡英文女士所提出之兩岸關係政見,極有可能對兩岸經貿產生干擾的結果,如何面對政治經濟的交互作用,這可能會是ECFA眼下最大的變數。

二、外資政策與陸資管理

　　台灣對於外資的招募政策始終沒有良好效果,若從資本競逐的角度來看,即便是台商投資的爭取,若與大陸招商引資的政策作為相比較,台灣的外資政策的作為也較為消極,缺乏針對性、目標性、持續性的招商引資作為,多數是透過總體經濟環境的表現來吸引外商或外資,但這幾年台灣經濟的表現卻未盡理想,而如WTO的加入,對於台灣吸引外資的效果也十分之有限。

　　眼下,ECFA的簽署對於吸引外資有了新的議題,然而台灣並沒有充分利用到這個議題來吸引外資,特別是在六輕議題、能源議題、環保議題相繼出現了立場變化之後,反而讓外資投入生產的意願有所遲疑。另外一方面,多數外資則是選擇進出於資本市場,讓台灣股市出現震盪起伏的現象。

三、經濟整合

　　東亞區域經濟整合的發展,對於台灣產業發展產生了新的影響,由於該地區消費能力與條件使得其競爭優勢主要奠基於價格優勢,也因此低關稅與優勢貿易條件對於

商品銷售就有著十分重要的影響。然而台灣由於主權問題而在關稅協議容易遇到不確定性之問題。加上在東協十加三之後，台灣主要競爭對手將享有租稅優惠，而台灣由於未能掌握此項優勢，導致廠商必須分散出口地點或生產基地，透過第三地的稟賦優勢而維持供應鏈的角色，這會導致廠商投資與佈局與台灣經濟逐漸脫勾。

倘若台灣沒有進入東亞經濟整合的範疇，則必須仰賴創新能力與製造能力來提升產品附加價值，然而類似的成果不是短期可得，即便能夠獲得若干的成就，但新興市場國家的消費需求是以價格高低為主要消費偏好，故台商恐怕未必會因此而獲得競爭優勢。倘若未來全球經濟成長高度依賴新興市場國家的消費需求，則台灣必須要設法參與區域經濟整合的序列，避免貿易優勢的逐漸削弱。

另外，兩岸經濟整合的情況，由於ECFA簽訂之後，兩岸產業分工與經貿交流的趨勢已經開始出現效果，然而若就兩岸經濟整合的部分，若將政治現實考慮，則關稅同盟或是共同市場會是整合較佳的參考形式，整合之後，雖然台灣將會在政治、經濟更容易受到大陸的影響，但在全球經濟失衡的情況下，台灣此種小國經濟體或許透過與大國之間的連結將會更容易採取因應的作為。

四、所得分配

台灣目前所得分配惡化的主要原因來自於所得或財富

產生途徑被劃分為二元結構,一元是透過資產市場;另一元則透過勞動力市場。前者由於全球資金的流動而擁有較多獲利的機會;而後者則因為台灣實質工資下降而出現所得惡化。所得差異是任何執行市場經濟體制國家都會遇到的問題,然而,所得分配持續惡化的認知將會導致民眾失去樂觀的預期,進而扭轉工作價值的態度。此種所得分配惡化的改善方式有二,一是提升勞動市場實質工資;另一則是建構公平稅賦機制,然而這則必須要配合整體經濟環境的改變,同時亦須讓政府擁有推動稅賦改革的合法性。

時政筆記

選制變革對政黨政治之影響

陳敏鳳　副總編輯
（新新聞周刊）

一、前言

　　知名的英國多元國家論政治學者柏克（E.Barker）指出「政黨乃社會與國家之間的橋樑」，因此一個國家的政黨運作優劣，絕對與國家政治的優劣，息息相關，政黨對一國政治體系運作具有重大作用。

　　台灣政黨政治的運作軌道，從民主化以來，一直與所謂人民期待有距離，過去存在是朝大野小，政黨政治無法取得平衡資源和支持。2000年後，朝野政黨已分別執政，雖然版圖仍有大小，但差距已拉近，但政黨政治仍然陷入所謂的藍綠爭鬥，並沒有出現人民理想的政黨政治運作軌跡。

　　雖說人民的期待中理想的運作制度，究竟存不存在，有不同的答案，但四年前實施的立委新選制，顯然就是想要朝著比較好的制度修正，出現比較接近理想的政黨政治。

　　單一選區兩票制，已經實施一屆，當初修改選制想要達成的正向功能，就是讓中間和理性的聲音當道，減弱

藍綠惡鬥的負面影響。而當時修改選制時,也討論新的選制可能要承擔國會議員更地方化的風險,如今已經快要滿屆,政黨並且已經進行新選制的第二次黨內初選提名,新選制的利弊似乎有一些端倪浮現。究竟新立委的選制,是不是達到當初期待的正向效果,當時評估的負面效應和風險,是不是遠比預期中來的大,也許實施的時間並不太長,但確是值得關注和探討的議題。

二、新選制並未帶來新政治

明年(2012)2月,新一屆的立法委員又要走馬上任,這代表台灣立委新選制實施已過了一屆。但是,四年前,大家期待新選制帶來的台灣新政治、新氣象,根本是一場夢境。四年了,台灣的政治依然是藍綠對立嚴重,政黨政治也依然暗淡無光,喚不起人民參與的熱情,離人民的期待仍如幾萬光年遠。

立委數額大幅縮減,從225席減到113席,達成減半目標,立委選區也由複數選區改為單一選區,其間過程幾經政治波折和朝野協商,當時最大的動力,無非就是要改革台灣的政黨政治,少一點藍綠之間的惡鬥,希望藉著贏得選區裡的大多數,而讓政治人物言行可以向中間靠攏,減少對立,趨近一個比較符合理想、符合選民期待的境界。

當時大家都相信單一選區兩票制,會是一個所謂趨近中道的制度設計,但顯然很多選民都失望了,因為選區制

度的改變,迄今只見缺點,期待中的優點並沒有很明顯,尤其這次政黨黨內的提名方式,幾乎以被認為最理想的民調方式進行,減少了政治立場鮮明的黨員投票,但顯然很多在立法院被認為關注法案的立委拚不上地方上的議員或者行政首長。

有人批評落選者不勤跑基層,但事實上勤跑的標準何在?如果要比勤跑這回事,顯然中央民代比不上基層有力人士,有些這次落選者在全國性議題時有表現,但卻仍然中箭落馬。於是,立委服務的選區,比市議員更小,服務項目更瑣碎,讓立委徹底地方化,欠缺中央民代的格局,更別提升高民主政治的問政品質及改善社會和氣氛。

選民若沒有把國會的表現,列入民調支持的考量項目之一,那未來國會議員區域化勢必更嚴重,如何改善這種情況,是政黨明年提名時或許應思考改進的因素。

這樣制度調整的效果,令人失望。也許才經過一屆、四年的時間,判斷單一選區兩票制對於政黨政治有多少、或者是什麼向面的影響,也許還太早。

但純粹從周遭的人感覺,似乎可以評斷,台灣政黨政治的對立,並沒有和緩,反而更多人覺得,藍綠比以往更對立,政黨的惡鬥變本加厲,甚至連媒體都一起加入戰局,藍綠糾葛越來越嚴重、政治和政策沒有理性討論的空間,台灣民主政治的品質,越來越令人擔憂。清明政治、理性政治,如深山裡的桃花源一般,遙不可及。

時政筆記

　　單一選區兩票制的制度改變，是很多人對台灣新政治開始的期待，如今如果証明這個制度調整，也不能改變現有的政治陰暗面，那無疑是對主張制度調整政治架構的重大打擊。

　　因為，如此一來，過去有人極力主張調整憲政體制以助社會、政治氣氛，尤其改為內閣制會比總統制，更適合台灣政治生態，更能讓朝野有具有協調折衷的運作空間，現在，這種說法也令人失去信心，制度的調整能不能真的改變台灣政黨政治？單一選區兩票制不行？那內閣制真的可以改變台灣政治嗎？

　　也就是說，如果選制不行？內閣制會有效嗎？那其他的制度改變呢？是不是讓政黨初選更公共化可以達成呢？政黨提名公辦？這些制度到底那一個有效？

　　如果具體的制度調整不可能讓台灣出現一個更符合理想的政治，那到底要用什麼方式，或者什麼途徑？所謂以政治文化教育、或者加強政治哲學等的方法，卻又顯得那麼虛無縹緲，究竟如何才能使台灣有新政治呢。

　　立委選舉又將到來，新選制又將增加一次操作經驗，作為關心台灣政治發展的選民，再次期待新選制可以選出不一樣的國會議員，及政治人物，可以修正政治激化，提升國會問政品質。在此同時，對立委新選制的檢討及未來的配套、修正，也是眾所關注的議題。

三、黨內初選仍應去弊再去弊

台灣明年是大選年，不只是2012年的總統大位，也牽動國會部門的席次，對朝野政黨來說，都有不可輸的壓力，而5、6月正值國民黨和民進黨立委提名的熱季，雖然今年這兩黨都以協商和民調方式，避免發生往年的弊端，但初選過程的爭議仍然不斷。

過去台灣政黨立委初選提名，為彰顯黨員的意見和分量，展現黨內民主，黨員投票是必備的制度，但是黨員投票卻發生許多的賄選弊端，尤其是民進黨的派系和人頭黨員問題，更是每屆黨內初選投票，輿論關注和批評的焦點。而國民黨內近年也逐步走上黨內民主的方向，使得今年兩大黨，有競爭的區域立委地區，大都以民意調查作為解決的方案。

但是實施全民調的方案，在黨內初選過程中並沒有完全彌平弊端和爭議，民調落敗的人指責民調失真，欠缺公平性，更有人指出，對手涉嫌以大批設空頭電話號碼，來操作民調，民調究竟能不能成為唯一提名的依據，勝負雙方看法不同，也引發討論。

另外，今年政黨初選也面臨立委選區單一化後，許多立委的民調競爭力，卻落後區域性、鄉鎮層級的首長，選區單一化制度是不是會造成中央級的國會議員，只要多跑選民的婚喪喜慶紅白帖，或者多做一些選民服務即可連

任?而國會裡的較高層次的問政和法案審查,都變成不重要?

單一選區兩票制在四年前實施,對台灣的選舉制度和政黨生態,產生重大的改變和衝擊,台灣小型政黨都在這次的變革中泡沫化,兩黨獨大的生態越來越鞏固,原本期待可以達到消弭政治對立、趨近中間路線的優點,似乎並沒有讓民眾滿意。這幾年,所謂的第三勢力或者中間路線者,仍然不斷地出現,其中若干對兩黨政治的批評,也能獲得大多民意的支持和認同,顯示這套選舉制度運作下的政黨政治,選民仍有更高期待之處。

何況,在現任立委尋求連任之際,政黨內部的初選方式,卻又產生了是否讓國會議員更區域化、功能與市議員或者鄉鎮長重疊的質疑,因此,單一選區兩票制的實施如果仍無法達成效果,政黨內部的初選方式又加重其害,那這個選舉制度,顯然需要若干微調,或者需要政黨初選制度的配套式改革,才能讓這個制度趨近理想的狀態之中。

在這種狀態之下,政黨的初選方式,由於可能牽動單一選區兩票制的成功、部分成功或者不成功、部分成功,而不如人意之處,是否有進一步修正的空間,或者從政黨初選方案予以補強。

也就是說,政黨未來在提名下屆立委人選時,是不是可以將現任者的國會表現給予某種評分,如果評分優良,可以和民意調查結果,共同成果提名的考慮因素,而非單

一只是以民調高低來評分。

其次,在這幾個月初選名潮中,再度被提起的就是公辦初選的可能性。在台灣政黨問題中,初選的經費來源,並不是特別關鍵的問題,但是公辦初選的優點在於一旦公費辦理初選,那如果發生弊端,國家的司法機關,是不是可以介入清查,假設在司法公正的情況下,那公辦初選是可以減少政黨初選裡的弊端,讓政黨政治更接近清廉一步。

當然在台灣選民文化認知裡,政黨是個尚黑的團體,如果還要拿國家納稅人的錢去為政黨舉辦初選,社會上真的能夠接受嗎?在2004年中選會曾討論台灣要不要實施公辦初選,結果反對者多於贊成者,主要理由在於公辦初選是美國獨特的政治文化支持下的制度,柔性政黨的特色及將政黨視為準國家機構的角度下,美國選民每年都參與了共和黨和民主黨的初選,但在台灣,剛性政黨和民間社團的政治定位,選民很難容許花國家的錢去補助政黨初選。

許多年之前,美國政黨生態與台灣的政黨生態被認為確有天差地遠,近年以來,似乎越來越接近有一點點接近,美國國會民主共和的爭鬥好像也越演越烈,使公辦初選在台灣更不可能被認為是改善政黨政治的方法而獲得支持。

但公辦初選所可能產生的一些好處,是值得考量。

首先,如果公辦初選,國民黨和民進黨等同一天舉

辦，由選民自己選擇自己是國民黨還是民進黨，然後再投票，這樣就不會有這次說藍營暗助綠營，或者綠營暗助藍營的事，因為大家同一天投票，自己選情都要抓緊了，那還有空去暗助誰。這樣一來就沒有什麼論、暗渡陳倉之事。

至於補助的經費，可以取消選舉對政黨的補助，把這些補助改用在公辦初選上，這樣或許就不用被選民質疑不斷耗費公帑，公辦初選的辦理作為國家審查政黨民主機制的管道，遠比國家雖給予政黨財政補助卻放任黨內初選舞弊更具正當性。

而美國公辦初選時，選民可以在那時刻那一年決定自己是那一黨的，主要是看政策和政見，不必像台灣一樣，被藍綠綁架，高興那一黨就做那一黨，這樣的互動方式中透露的自由，是很多台灣知識分子及中間選民所嚮往的及羨慕的。

台灣除了解嚴、開放黨禁及總統等選舉後，初步呈現了基礎性民主化，但台灣民主鞏固和深化，卻仍遠在天邊的雲似，搆不著。像單一選區兩票制的重要制度實施後，學界及政界在選舉之後，不妨認真檢討加強，讓政黨政治既能固本又能強身。

四、政黨不分區立委的功能性

政黨的不分區立委究竟應該要如何提名，成為最近的

新聞話題，其實在台灣實施單一選區兩票制之後，政黨不分區立委的名單，應該已有更清楚的定位，選民不必從區域的選票累計，影響不分區立委名單的席次，而是可以單就這份名單的優劣好壞，進行投票，表達選民肯定或者否定的意見。

基於這樣的理由，不分區立委名單本身就應該更具有吸票的作用，更讓選民樂於投票支持才是一份理想的不分區名單，尤其是新選制之後，不分區立委更應具有與區域立委的差別性。

區域立委在新選制之後，越來越趨近選區的在地化，區域立委必須花費更多心力在選區的基層經營上，其在立法院內所爭取的，也極可能趨向地區型的利益和法案，才能穩固其在選區裡的勢力，以方便可以連任成功。最近台灣政黨內的初選提名狀況，也顯示區域型的政治人物，每每都在初選提名上占得優勢，雖然這跟選民的喜新厭舊有不少關係，但不可否認的，如果一位國會議員疏於經營地方，那極可能遭到落敗的命運。

既然區域型立委已經必須以區域選民的日常服務和利益為重，那政黨不分區立委的全國性和專業性勢必要更加強，才能彌補未來進步和專業立法的功能，也才能與行政機構相抗衡，形成憲法裡立法監督行政權的功能與角色。

因此，一個政黨提出的不分區立委名單，決定的過程是政黨自行決定，不管他是初選票決或者是派系分贓的結

果,甚或是所謂擺平不滿人士的疏洪道,嚴格來說,都跟選民或者大眾無關,但其提出的名單必須去面對選民的抉擇。

如今更大的問題在於,如果政黨把不分區立委名單提成了另一種的區域型立委名單,那選民就應該更有智慧的決定。不分區立委名單不該是另一張區域型立委重新排列的名單,它應該具有政黨對於政治理想和主張的具體表現,也該代表這個政黨對於包容社會其他具有專業的人士,具有多大的誠意,甚或代表著這個政黨想要給選民什麼樣的政黨形象的具體實踐。

過去有學者提出了不分區立委名單的標準,認為不分區立委名單,應該具有全國利益及視野的人士,甚至有全球化國際觀點,及決定政黨形象的好壞等等。這種觀點無疑在單一選區兩票制之後,更應該落實不分區立委名單的功能,才能讓國會更具有監督行政權及專業立法權的展現,考量何種人才才能為民服務,才能安心將國家交給他們。

政黨必須要為自己的不分區立委名單負完全的責任,因此,去年曾經發生有政黨不分區立委因案遭到政黨予以停權處分,但轉而以司法訴訟方式繼續留任,坦白而言,這已經違背了政黨不分區的精神,政黨應該有全權的決定力,來決定要讓誰代表這個政權,除非不分區立委初選的由來也是經過公權力或者公辦初選之類的方式,否則政黨應該要全心為其名單的任何人負責任。

根據學者指出,現行憲法中所謂「全國不分區代表」制度,原來是為了終止動員戡亂時期之後,解決「中華民國」的全國代表性所為的設計。1991年第一屆國民大會所通過的「中華民國憲法增修條文」中確認其全國性代表的地位,並採取政黨比例方式選出。

所謂「政黨比例方式」,是指各政黨得依其在國會選舉中所獲得的政黨選票票數比例,提出議員進入國會,政黨比例代表制的引進,主要是著眼於立委的「專業性」及「功能性」,以彌補區域立委的不足,反映社會多元的政治意見。讓具有專業的人才,不必為了選票而成天走攤應酬,可以更具宏觀視野地思考國家大事。

但過去政黨比例代表性的產生方式,使不分區立委成為區域立委的附庸或者是附產品,2005年第七次修憲時,將立委任期延長為四年外,更將立委選舉進一步改為「單一選區兩票制」,有人認為這應該使區域立委及不分區立委各有其民主正當性基礎,也使不分區立委更具憲法上積極政黨任務,強化政黨政治功能,讓政黨在國家的政治意志形成過程中扮演更正面的角色,因此如果不分區立委名單只是政黨內部的疏洪道或政治派系拼盤等。

有人因此建議對「不分區制度」再進行改革,考慮引進「開放名單」「分區名單」「重疊競選」,「降低不分區門檻」等。只是,這屆的政黨不分區立委,是兩黨制實施的第二次,明年1月14日的投票結果,是觀察選民在這

部分如何投票的重要指標之一,如果結果並不符合理想,再行改革也並未不可為之事。

在此即將投票之前,不管政黨提名何種名單,或者提出名單的過程為何,選民如今之計,就是應該認識自己投票的權力,既然不分區立委名單不必與區域立委名單連動,可以自行選擇滿意或者不滿意,那選民該善用自己的投票權力,表達對於政黨立委名單的意見,這才是台灣民主政治選制改變後,選民該有的政治自主表現,讓民主和政黨政治持續進步。

五、結論

一般而言,民主國家的政黨最大目的是參與選舉,取得政治權力,選舉活動是政黨不能旁貸的任務。也藉由選舉來顯現社會各種利益的表達和匯聚,以及匯集社會的菁英,如果是執政黨,更以此來支援政府行政部門。

學者認為,政黨雖然是具有代表民意展現的平台和功能,但卻很可能在利益匯集的過程之中,會優先偏護支持自己的集團利益,與其他利益集團護航的政黨抗爭對立,所以政黨固然可能是社會的統合力,同時也可能是社會分裂的因素,社會的分裂力,政黨政治的好壞攸關社會的發展。

而表現政黨最重要部分,就是政策和所有選舉的提名人,台灣政黨在政策上欠缺基本的原則和主張,只有隨著

每次選舉提出的政見主張，卻又往往對外說不清楚，或者是選舉時一套，執政時又是一套，左右搖擺，更因執行力一直無法提升，使得台灣選民對於政治的信心和熱情，越發下降。而這次的區域立委和不分區立委提名，顯然也未為台灣注入新政治的氣象，加深選民對政治的冷漠，迄今距大選不到半年，選情卻如此之冷，令人驚訝，越多的選民得了政治冷感，將使台灣政黨政治更加惡循環。

部分學者曾經在7月提出對於政黨不分區名單的批評和建議，在此借用當時的若干主張，希望台灣的政黨政治，未來可以更具民主想像，更具有吸引，更能引進進步價值的能量等等。

時政筆記

回　應

劉嘉薇　助理教授
（國立台北大學公共行政暨政策學系）

　　「政黨政治」一文從選舉制度的政治影響討論政黨政治的發展，是一重要且值得發展的方向。作者具有長期新聞實務經驗，因此文中提及政黨政治內容及政策建議，多能指出當前政黨政治問題，並回應相關學理。其中新選制帶來的政治影響為作者討論之主軸，在相關建議方面，作者提及幾個方向，包括黨內初選仍應去弊再去弊、政黨不分區立委的功能需再加強，皆與當前政黨政治發展密切相關。針對作者論述，與談人提出幾點拙見共同討論。

　　首先，關於目前立法委員選舉制度所採行之單一選區兩票制為並立制，雖解決過去SNTV衍生之弊端，但卻未能將選票（votes）以比例性轉換為席次（seats），因而採行聯立制可朝向以上目標發展。當然，比例性是否為我們所欲追求的方向，這仍然值得討論。選制設計與政黨體系間存在關聯，各種制度設計亦有利有弊，過去的小黨林立亦可以說是多元的政黨政治。當我們欲追求的目標需同時含括政治穩定與上述所提及的比例性（亦即反應小黨代表性），聯立制是可以考慮的方向。當然，選區劃分亦與選舉結果和政黨體系息息相關。

時政筆記

　　第二，立委選舉在實施第一屆新選制之後，政黨對黨籍立委的約束力提高或降低呢，亦即個人選票（personal vote）是否減少，值得選制實施多次後繼續研究。而新選制理應使立委較不傾向走偏鋒，反而偏向走中道，目前選民在接近選舉與平時（非接近選舉期間）的表現是否有差異，值得後續關注。

　　第三，作者提及，在實施因選制後，立委選區可能小於地方議員，形成中央層級民代所代表的區域或人口更少，與談人認為地方民代的選制亦需與中央民代同步，較可避免相關問題。

　　第四，民眾對新選制的認知仍有加強空間，根據台灣選舉與民主化調查」（Taiwan's Election and Democratization Study，簡稱TEDS2008L）資料[1]，選民對新選制中兩票制的認知認識不深，相關單位亦需利用媒體、學校公民教育及成人社會教育強化。此研究進一步援引TEDS2008L說明民眾對新選制政治影響的看法，以下分為六題：

（一）「新的選舉制度比起過去的立委選舉制度，是比較容易還是比較難選出自己理想中的候選人？」認為較容易者為21.1%，差不多為32.8%，較難為35.6%，其他10.5%包括拒答、看情形、無意見。

---

[1] 朱雲漢，2006，「2005年至2008年『台灣選舉與民主化調查』四年期研究規劃（III）：2008年立法委員選舉面訪案」（TEDS2008L）（NSC 96-2420-H-002-025），台灣選舉與民主化調查規劃與推動委員會。

(二)「新的選舉制度比起過去的立委選舉制度是減少還是增加社會之間的對立？」認為減少者為14.0%，差不多為26.7%，增加為42.1%，其他17.3%包括拒答、看情形、無意見。

(三)「新的選舉制度比起過去的立委選舉制度，是減少還是增加買票的情況？」認為減少者為26.7%，差不多為27.4%，增加為19.4%，其他26.6%包括拒答、看情形、無意見。

(四)「新的選舉制度比起過去的立委選舉制度，是減少還是增加選民的投票意願？」認為減少者為35.7%，差不多為34.7%，增加為13.9%，其他15.8%包括拒答、看情形、無意見。

(五)「新的選舉制度比起過去的立委選舉制度，對台灣未來民主政治的發展是比較好還是比較不好？」認為比較好者為27.4%，差不多為30.0%，比較不好為21.7%，其他20.9%包括拒答、看情形、無意見。

(六)「新的選舉制度比起過去的立委選舉制度，選出來的立法委員的素質是提高還是降低？」認為提高者為33.4%，差不多為31.6%，降低為16.1%，其他18.8%包括拒答、看情形、無意見。歸結以上數據，以下提出要點：民眾偏向認為新選制較難選出理想候選人較多民眾認為新選制對增加社會對立、

對新選制減少或增加買票此一題項的無反應偏高、新選制會減少投票意願、但認為立委的素質在新選制後會提高。

歸結以上數據,以下提出要點:民眾偏向認為新選制較難選出理想候選人較多民眾認為新選制對增加社會對立、對新選制減少或增加買票此一題項的無反應偏高、新選制會減少投票意願、但認為立委的素質在新選制後會提高。

最後,幾點意見與作者討論,例如政黨於提名立委候選人時,若參酌現任者的國會表現,那麼,黨內挑戰者無此項評分,將如何訂定其評分標準。再者,台灣政黨是否優先偏袒特定利益團體,需要更多佐證。與談人亦相當同意作者論及立委專業性的落實,未來需要更多的資源挹注、激勵制度以及人才拔擢。

當然,新選制對政黨政治發展的影響持續發酵,目前仍無法檢視其長期深遠的影響,因此制度變遷所帶的政治影響,需要繼續觀察。當選民對新制的投票方式更加練達,並在經驗中理解新選制的政治影響時,選民的智慧將使政黨體系所帶來的發展無限可能。

回　應

俞振華　助理教授
（國立政治大學選舉研究中心／政治學系）

　　和東亞其他國家比較，台灣民主政治的發展有一個很奇特的現象——即在民主化的初期就產生了政黨競爭的雛型。政黨間的競合型塑了台灣過去二十年來的政治發展，並逐步地改造包括憲法及選制在內等多項政治制度，其中2008年立法委員選制的改變更為未來兩黨制政黨競爭奠下了制度面的基石。

　　也正因選制變遷和政黨體制的連動性，本文即從選制變遷的角度出發，透過以下兩個問題來剖析台灣政黨政治：第一、現行立委選制對於立法委員行為有何影響？第二、台灣漸趨成型的兩黨競爭是否真的因高強度的對決而帶來極化政治？

一、選制的影響

　　每項制度改變皆有改變的初衷，希冀達成某些政策目標。以單一選區兩票制取代過去的中選區單記非讓渡投票制度（SNTV）的主要目的（或是當初推動改革的號召）即是提升國會問政品質，落實民主政治的垂直問責性（Vertical Accountability）。撇開當時改變選制時，兩大

政黨欲扼殺小黨的權謀考量,若我們單純地從單一選區的概念出發,當每個選區只對應一位代表時,則問責性的機制自然最簡單直接,而透過單線的問責機制來改變國會問政品質顯然最直觀。此外,在單一選區的環境下,參選人必須要贏得相對多數民眾的支持才能當選,因此兩大黨以外的小黨不易出頭。而政黨為了爭取最多數的選民支持,參選人較可能提出溫和且趨中的政見。想像上,溫和派參選人當選後將有利於國會中各黨立委在政策上取得妥協。

但顯然,世上沒有完美的制度,每項制度都是利弊互見。過去採用SNTV選制時,我們往往會看到有些候選人只獲得很小部分的選民支持就可以當選,於是候選人可能各走極端,畢竟只要選票數跨過相對當選門檻就能當選,單一選區制要解決的就是這樣的問題。的確,實施單一選區制後參選人已不可能靠一小撮的人支持便能當選,但現在他可能為了要滿足更多的人,於是必須要跑更多的攤,以便讓更多的人支持。當然,會造成這項結果的原因並不只是選制造成的,其實更可能的原因是,在議事或是政策制定上,立委無法突顯他的立法成果(譬如重要法案皆採政黨協商)。於是,當立法成果無法被突顯時,則透過別的方式,包括透過加強服務來經營選區則實屬必然。因此,立委經營方式之所以被定位成「小立委」,其實不單純只是選制造成的結果,和立委在立法院內的權限亦息息相關。此外,由於一個選區只有一名立委,若該立委細心

經營選區,一旦獲得固定多數選民的青睞,則在選民「選人不選黨」的情況下,日後挑戰者對他的威脅將小很多,形成所謂參選人的個人選票(candidate personal vote)。不過,實證上個人選票的效果可能還需要經過幾屆選舉才可看得出是否有這樣的趨勢。就現階段而言,兩黨對決的態勢一般而言讓立委很難不服從黨紀。

上述理由已提供足夠的動機讓立委深耕選區了,而當立委的選區比市議員還小的時候,則委員所面臨的挑戰可能不只是他黨可能的挑戰者,還包括了同黨的(市)議員。換言之,當立委與議員選區高度重疊時,自然無法突顯立委和議員的層級。在競選連任的考量下,往往出現立委和議員競爭選區服務的怪現象,也使得立委更需要花時間及精力在瑣碎的選區服務上,進而壓縮處理政策法案的時間。

另外,立委數目從225席減至113席表面上是成就了所謂「大立委」,畢竟人數變少了,使得每位立委的聲音在整個立法程序中都變得相對重要。然而,許多立法工作背後需要高度專業背景或經驗,立委總數減少後使得每位立委的立法工作更形吃重,畢竟一個常設委員會(共八個)只有十二、十三位委員,反而不利立委政策專業的養成及立法經驗的積累。同時,也因為立委數目變少,使得許多立委容易形成關鍵的少數,有時在委員會中只要串連兩、三位委員杯葛某項政策,則該政策就無法推展。若立法程

序中的專業性減少,同時單一立委的聚焦性更高時,則表演政治將很容易會取代專業立法,造成立法院亂象。

我國的單一選區兩票制原本是要保存單一選區與比例代表制的精華。但由於我國比例代表制的比重太少,所以政黨票所選出的委員顯然無法在立院中扮演舉足輕重的角色。而當政黨亦未將比例代表制所選出的代表視為政黨在立法院的核心時,則這些代表在沒有選票的支持下,所能彰顯的專業功能更加無法突顯。再加上政黨若將比例代表名單視為黨內資源分配,則這些依比例代表制所選出的立委在政策制定的程序上又更不能起專業帶頭的作用。至於比例代表名單是否是培養下波單一選區候選人的搖籃?這點作者有點保留。如果某立委知道下一屆他就要出來選舉,則他很可能會在這一屆立委任期內就積極為下一屆備戰。這點或許喪失了其代表政黨在立院中推動政黨意志的意義。

最後,我們探討目前兩黨的初選制度對於政黨競爭所可能帶來的影響。此次國、民兩黨的立委(或是去年的縣市議員)參選人甄補都是以民調數字高低做為提名與否的主要依據。政黨之所以採用這樣的甄補機制,主要的考量之一是認為透過民調比較能鑑別出在單一選區下,參選人的勝選可能性。然而,此舉無形中削弱了政黨掌控候選人的能力。畢竟,比民調還是在比知名度,知名度高的參選人在以民調為核心的初選制度中還是比較容易出線,也更

有機會空降參選原本未經營的選區。然而，也正因為獲得提名的參選人是以高知名度被提名，而不見得是靠黨或競選組織的支撐，於是該參選人當選後對於黨的服從性顯然會打折扣。換言之，政黨在現時面臨了兩難：如果提名走組織路線的參選人或許和黨的聯結性強，但因缺乏知名度或許不易當選，但若提名走文宣路線的參選人或許知名度高，但和黨的聯結性弱，就算當選後黨意往往無法透過該候選人貫徹。總之，現行政黨依民調數字高低提名參選人的機制究竟是否會造成政黨體質的改變，成為單純的選舉工具，值得我們進一步探討。

二、極化政治與政黨競爭

過去數年來我們往往以極化政治（polarization）來形容台灣的政黨競爭，即台灣的政黨政治已日趨兩極化，藍、綠陣營間的意識型態增強又各走極端，使得兩黨在各項政策面上幾乎不存在對話空間，更遑論相互妥協，於是政治僵局不斷，造成立法效能不彰。

究竟政黨競爭兩極化代表的是甚麼意義？我們先從選民的角度來看。過去十年來，中間選民並沒有消失，還是有約四成到四成五左右的選民將自己認定為中間選民，當然，這些中間選民或許還是有某種政黨傾向，我們對於中間選民並不容易定義。不過大體而言，過去十年來選民的政黨分佈並沒有很大的變化。但值得注意的是，過去兩大

黨的意識型態越來越純化,使得政黨的篩選性(sorting)功能越來越強。至於篩選的機制為何:以族群認同來說,我們看到愈來愈多認為自己是「台灣人」的民眾認同民進黨;以統獨立場來說,我們則看到愈來愈多主張「維持現狀」的民眾認同國民黨。總之,政黨做為一項政治標籤,其內涵有純化的現象。譬如,在2000年政黨輪替之前,約只有35%認同台灣人的民眾支持民進黨,但到了2008政黨二次輪替之後,超過75%認同台灣人的民眾支持民進黨;相對地,在2000年時,贊成維持現狀者支持國民黨的約只有三成,但到了2008年時,該比例已超過了六成。總之,過去十年來所謂的政黨極化現象事實上並非指兩黨愈來愈朝任何意識型態光譜上移動,而是加強了政黨在族群認同及統獨光譜上的代表性。

除了認同與統獨外,對選民而言,其他政策面向實際上切不出甚麼區塊。譬如近年來雖然社會正義的相關議題越來越重要,但該議題並未在政黨認同上造成太大的影響。也因此,兩黨的競爭變成了在單一面向(認同/統獨)上的競爭。而這個選民切割面反應到政治菁英的競爭當中只會強化及深化,即便我們很難確認究竟是政治菁英反應選民分歧還是選民受到政治菁英的影響。根據黃秀端教授的研究,在民進黨執政的八年中,立委和政黨的關係已更加緊密,立委投票依照黨的政策立場的比例越來越高。當黨的標籤越來越鮮明,且政黨競爭已被簡化為單一

回　應

面向上的競爭時，則相互妥協的空間縮小，甚至沒有交集，自然容易形成僵局。總之，立委不跨黨投票不見得是因為黨性堅強，而是因為在單一面向競爭當中，依政黨投票才不會帶給選民混亂的訊息。換言之，當台灣主要的議題只有一個時，則政黨本來就要突顯差異，互不妥協實屬必然。除非有其他議題形成第二乃至第三個切割面向（譬如社會分配正義），透過多面向的競爭使得不同議員在不同議題面向上合縱連橫，不然政治僵局勢所難免。

　　總之，立委選制的改變將使得兩黨競爭的態勢逐漸落實。然未來究竟兩黨是否會在各個議題面向趨中，使得政策產出更溫和？還是兩黨漸行漸遠，互不相讓，並將選民帶往兩極的分化狀態？又，現在所謂的「大立委」是否反而因小選區制而地方化，使得立委更不專業，進而導致立法品質更低落？本文僅就上述問題進行初探，我們或許還需觀察今後一、兩屆立委選舉及立法行為後才能下定論。另外，當我們在分析立委選制及評估立委表現時，事實上也同時檢驗我國政黨政治是否真能為民主品質帶來正面的力量。

時政筆記

國會運作之省思

鄭任汶　博士候選人
（國立中山大學政治學研究所）

美國外交政策季刊將台灣國會列名世界無能國會之一，如此的評比在國內朝野引發議論，但我國國會屢屢被國內外評鑑為低效率、清廉度低、人民滿意度低的民意機構，相關的批評早就不是新聞，但即便如此，多數民意對國會有非常高度的不滿，不過，大規模的國會改革依然無法展開，本文認為，唯有展開大幅度的修憲與進行革命性的選舉制度和國會內規的變革，才是進行國會改革必要的工程，否則在現行的制度之下，國會很難成為代表社會不同利益或民意的國家議會，依舊會被藍綠政黨所聯合壟斷，以及持續變成政黨惡鬥與滿足政客私慾的鬥爭場域。

一、現象

如果說近代的民主是由代議政治和政黨政治所建構出來的治理模式，那代議政治可說是民主運作的核心，端視我國當前最重要的代議機關——立法院，這些立法者到底是高明的騙子，或者是狡猾的智者？

理想上，立法者應該是正直且高明的智者，必須展現公共意志，並把社會導向良善發展的道路，而非只顧及自

時政筆記

己本身的利益,不過,在選民投下選票的那一刻之後,立法委員就如同脫韁野馬一般,在立法院張牙舞爪,選民根本毫無監督或制衡的能力,即使經過多次選舉的考驗,不斷選出新的立法委員,但社會依然對立委表現給予相當低的評價。也因此,立法委員經常被視為是享有高度的政經權力,但卻是社會公信力低、清廉程度低的政治人物。

很弔詭的是,從1990年代開始,台灣社會即進行所謂的國會改革,從選舉制度、法律、內規等方面著手,也歷經了多次的國會改選,但國會亂象依舊,甚至有越改越糟、每況愈下之譏。本系列將從現象、原因、解決等三大層面,探討當前國會運作的困境,在最起始的「現象」篇中,將先從監督國會的幾項困境展開初探,透過現場觀察立委的表現與外界監督國會觀察指標之間的鴻溝,藉此突顯出當前國會運作的亂象,以及國會運作與民主政治基本原則之差距。

(一)出席形式化

出席率、提案數、質詢數、通過法案數等,經常作為外界評鑑或監督立委的觀察指標,但就出席率而言,立法院八個常設委員會,固定在每週一、三、四開會,而每週五、二則為院會,為了維持帳面上出席率的漂亮數字,立法院內規定得經協商將每週五、二視為一次院會,甚至本屆立法院還發展出將二、三天的委員會合併為一次會的規

定,亦即,立委每週只要簽到一次或二次,幾乎就可以整週都不用到立法院簽到,專心回到選區跑行程,或者處理其他要事。再者,立委經常在簽到之後,除非該次會議有重要的議案或者受到媒體強力關注,否則立委經常是簽完名之後隨即離席,棄議事於不顧。

　　至於提案數或質詢數,這樣的責任大多落在立委幕僚或助理的身上,只要立委願意「養」更多的助理,甚至將提案或質詢外包,即可維持帳面上提案或質詢數的漂亮數字,提案數或質詢數與立委是否認真問政的相關程度並不如外界想像之高。從實務與經驗上來看,專責問政、為預算把關,以及致力於通過某些福國利民法案之立委,實在寥寥可數。

　　開會是立委基本的職責,但在這些一心尋求連任的立委,其立法問政行為大多以連任(reelection)為核心,出席、提案、質詢等該有的責任,經常成為形式主義——數字至上的計算與應付監督之所需,只問案數不顧內容,變成只是形式上的提出,而缺乏實質意義。

(二) 問政庸俗化

　　立委問政,經常流於庸俗化與空洞化,不管院會或委員會發言,充斥著挾私怨的報復式發言,以及充滿著政黨算計與既定政治立場的惡意攻訐,理性問政難以期待,立委只要追求基層的經營,以及媒體的曝光,只要勤跑紅白

帖、地方聚會，或者頻上媒體，即可提高支持度並進而當選連任，因此，立委們根本不需要對昔日選舉時提出的政見負責，更不需要向選民交代自己在立法院的行為。

院會的國是論壇、委員會會議，變成看報問政的場域，經常可見立委拿著當天的早報問政，下午拿著當天的晚報問政，甚至有所謂明星級的立委，事先詢問在場之媒體記者，當天各電視台關心什麼議題，立委即可代為詢問官員，如此立委將較有容易曝光之機會，也可提供各電視台製作新聞之所需。

問政的庸俗化，再加上各媒體以收視率為導向的新聞取材，導致立委的劣幣驅逐良幣，優質立委的問政，很難獲得媒體的青睞，也很難讓選民知悉立委的表現，最後導致立委問政的惡性循環，最終就是立委素質不斷下降，國會運作之品質始終無法朝正面方向發展。

（三）責任虛擬化

責任政治最簡單的意義在於，經過代議民主選舉機制選出來的民意代表，可以為其決策負責，而定期的選舉，便成為選民四年一次決定民意代表去留的機會，但在無法徹底監督國會的情況之下，選民無法掌握確實的訊息，以對立委進行監督，因此，選民只能根據政黨取向、個人情感或既定之刻板印象而投票，並無法根據立委們在立院的實際表現而進行民主課責。

民主政治的意義在於權責相符，但對立法委員而言，擁有高度的政經權力，但卻不受民意的嚴厲監督，只要經營基層紮實、努力爭取媒體曝光或取得政黨派系的奧援，即可順利連任，因此有權無責，立委問政亂象百出，荒腔走板。

「國會亂象」早就成為台灣社會跨越藍綠難得的共識，就算歷經多次國會改選，依然無法選出優秀、認真問政的立法委員，而從第七屆國會開始，在單一選區選舉制度之下，在多數選民結構穩定的選區中，藍綠兩大政黨的候選人，只要通過黨內初選，幾乎可以篤定取得相對優勢而順利當選，這些使得以代議民主為主流的民主政治，淪為只不過是一個過程，代議失靈的情況依然是台灣發展民主政治的最大隱憂。

二、原因

比起行政、司法部門或任何其他政府部門，立法部門是唯一直接向投下選票的選民負責的部門，定期選舉讓選民有機會考核選區立委的表現，應該迫使立委下台讓新人出線，或留任現有立委延續其政治生命，但這套定期選舉的制度是一體兩面的利刃，定期選舉讓立委必須向選民負起政治責任，但也同時讓立委問政譁眾取寵，一切以短期的政治利益、操縱選民意志為依歸，因此，立法部門卻也成為最混亂、最難以控制的政府機關。

時政筆記

　　回溯代議政治的發展，從十八世紀末開始，代議制民主跟民主程序慢慢結合在一起，此一政治發明慢慢被許多號稱是民主的國家所使用，但這套民主制度也是弊端叢生，早就引起非常多的批判、反思與改革的建議。我國國會運作亦屢屢遭受學界和輿論界嚴厲的批評，其原因不外分「制度」與「人」兩大因素，就制度而言，憲政制度、選舉制度、各政黨初選制度、國會制度、司法制度等都是直接或間接影響著國會的運作，至於「人」的因素則包括：政治文化、媒體文化、選民等只要涉及民主制度運作的行為者，全都足以影響國會運作的良莠。

　　限於篇幅，本文將從行為者──「人」的角度出發，輔以對部分制度運作的討論，希望能從動態觀察的角度，來初探國會運作亂象的可能原因。

（一）政黨提名

　　人畢竟是政治運作的核心，選出怎樣的立法委員，就會有怎樣的國會運作現況。單一選區的選舉制度之下，檢視當前各藍綠政黨的初選制度，全民調的結果導致民粹化和庸俗化，再加上政治妥協或政治酬庸色彩濃厚的不分區立委名單產生模式，導致立法委員的遞補不但有議員化、里長化的傾向，更經常是政黨內部政治妥協或者派系分贓的結果。

　　此一趨勢，從1990年代開始即越演越烈，從第四屆乃

至第七屆,以及明年初(2012)將選出的第八屆立委,劣幣驅逐良幣的態勢非常清楚。由素質低落、以選區利益或短期政治利益為考量的立委們所組成的國會,其問政表現實在讓人難以期待,從結果來看,國會改革並沒有將國會導向良性監督、理性問政的道路,制度的改革並沒有使立法委員的平均素質提升,反而是每況愈下、越改越糟。

(二)立委自利

理性選擇理論中的人性自利假定,在國會運作實務中被發揮得淋漓盡致。所有問政行為都被立委自利的理性算計所制約,提案、質詢、施壓等立法或政治行為,大多以自身利益為出發,因此在國會運作中,經常可見立委挾怨報復,因爭取選區利益不成或替特殊企業搶奪利益失敗,而提案刪減預算,甚至刻意修理某些部會。甚至立委公然代表特殊的利益團體,向行政部門施壓或者修改法律使其符合特殊的利益需求。

立委的自利行為也影響著國會的制度設計,例如:遭受外界批評的朝野協商制度,即便受到學界和輿論界高度的關注,但歷經多次的國會改革,此制度仍然以不公開的方式進行,朝野協商過程不但媒體無法在旁監督,連協商紀錄都無法完整留下,而這套制度設計正是由朝野立委所共同擬定,選民或輿論界毫無監督或置喙的能力。

（三）媒體失職

　　監督立委問政的透明機制，被掌控在立委手中，另一原因莫過於媒體失職。電子媒體把國會新聞當作是衝高收視率的捷徑，任何花花草草、八卦式的新聞元素，立刻成為製造辛辣刺激新聞的最佳材料，平面媒體更早就棄嚴肅的法案或政策討論於不顧，以政治鬥爭性話題、爆炸性話題為首要。各媒體既定的政治立場，更主導著國會新聞的產出，從議題設定、新聞選材，到新聞採訪、新聞編輯，「藍綠媒體」完全忘記媒體該有的客觀報導真實的天職，以及嚴厲監督政治的責任，各媒體只忠於自己的政治和商業立場，而不顧該替選民真實報導和嚴厲監督的媒體立場。

（四）資訊落差

　　媒體失職，也直接導致立法委員問政資訊的公開程度不足，讓選民無法接收到客觀正確的立委問政表現。除了媒體報導之外，雖然在外界的壓力之下，立法院逐漸將其資訊系統和問政資料公開，但面對外界各項監督或評鑑國會的努力，立法院的透明度依然不足，例如：委員會的旁聽、朝野協商的監督，以及立委個別資料的取得等，選民所得到的資訊相當有限，因此對於立委表現的評鑑或判斷，明顯處於資訊不對等的劣勢，這樣的結果也導致選民無法真正選出為民謀福、為民謀利的優質立法委員。

2007年的單一選區兩票制與立院席次減半修憲，2008年並選出第七屆的新國會，運作至今，直到今年藍綠政黨內部殺得頭破血流的立委初選，這段過程再度證明國會運作品質跟「數字」無關，而是與「人」的因素有關，包括：藍綠政黨、藍綠國會議員、媒體、選民等因素。但人的因素，通常是最難以面對，也是最難以用制度改革來解決的難題，因此人民普遍對於國會運作強烈不滿或給予非常低的評價，也就不足為奇了。

三、解決

　　就算歷經數波的國會改革，在多次的社會信任度、清廉度或形象的民意調查中，立法委員總是名列信任度低、清廉度低、形象差的名單之林，對於手握國家重要政經權力的立委們，人民顯然非常不滿意，但批評歸批評，卻似乎也無可奈何、無計可施。

　　無論是學界、社運界或輿論界，針對當前台灣國會運作的亂象，所進行的國會觀察或提出解決之道的建議，大致可分為兩大部分，其中一種是大聲疾呼進行制度改革，包括：選舉制度、憲政制度、國會內規、法律制度等，另一種則是要求大眾媒體嚴厲監督，並呼籲選民提高自身的政治意識，睜大眼睛，仔細投票，選賢與能。這些當然是極為重要的改革方向，不過，對立法院而言，卻是鮮少正面回應社會的改革需求，即便進行所謂的國會改革，但從

時政筆記

結果來看,改革成果極為有限,立委問政表現日漸向下沈淪,人民不滿意度則是越來越高。

因篇幅有限,本文僅針對較為關鍵之問題,提出幾項具體建議。

(一)修憲提高政黨比例代表名額,現行為113席立委,其中79席為區域立委(73席為區域立委,平地和山地原住民各3席),34席為不分區立委,若在不提高立委總席次的情況之下,將所有113個席次修改為,一半名額透過單一選區相對多數決產生,另一半則經由政黨比例代表制產生。提高政黨比例代表名額的意義在於讓政黨更直接面對民意的壓力,並促使政黨提出較好的人選,再者,目前區域立委問政非常地方化,而且因為選制的變革和地方制度的修正,區域立委的功能性與基層民代有所重疊,因此更可以減少區域立委名額,並增加不分區立委名額。另外,將選制改為德國式的聯立制也是可以思考的改革方向之一。

(二)為了確保不分區立委的素質,各政黨所提出不分區立委名單改為開放式名單,由選民從政黨所提供的名單中,自行圈選出適合的不分區立委,並根據選民得票之多寡,進行排名;否則端視當前藍綠政黨不分區立委的遴選方式,在兩大黨「要爛一起爛」的情況下,不分區立委已經成為藍綠黨內人才競爭的疏洪道,以及派系鬥爭分贓的祭品,毫無代表性或專業性可言。若改為開放式名單,

就算兩黨高層把不分區作為黨內分贓之籌碼，但至少選民還可以進行圈選排序，以選出相對較好的人選，而不是被迫照單全收。

（三）提高選民的政治意識，選民必須擺脫各自被藍綠政黨綁架的投票行為，用選票懲罰劣質的立法委員，而不是被民粹式的政治動員所左右。否則，如此結構性因素無法破除，在某些選區，就算某個政黨推出素質極差的候選人，依然可以基於結構因素順利當選，因此只有強化選民「選人不選黨」的投票認知，才足以淘汰劣質的候選人。

（四）國會監督行動可以嘗試架設網站或媒體，透過整理自立法院公報或議事記錄之資料，公布所有藍綠立委在各重要法案、預算案或行使人事同意權時的表決記錄，立委的表現和政治偏好，經常表現在表決記錄之上，只有公開立委的表決記錄，才會對立委產生壓力，也才會產生監督的作用。

其中，「對人同意權」更應改為記名表決，以示負責。基於「不受干預性」與「隱密性」的不記名表決方式，從結果來看，在現行表決制度之下，立委的人事同意權行使依然受到公開或非公開的干預、關說或施壓，因此應該採取記名表決，不但可以讓立委受到選民的監督，減少私相授受、人謀不臧的空間，此舉更符合責任政治的原則，讓立委為自己的人事同意權行使負責，而不是任由立委們在檯面底下與魔鬼進行醜陋的交易。

（五）最重要也是非常核心的問題，在於必須縮短選民和立委之間的「資訊不對等」，讓選民更加清楚的瞭解立委們問政的內容與表現，因此透過公民力量，推動立法，強制國家媒體在固定的頻道或網路，全程轉播立法院議事。

立法院現行之網際網路多媒體隨選視訊系統（VOD或IVOD），雖然已經可以進行院會和各委員會的線上轉播，但多數選民並非習慣網路之使用，就多數選民而言，電視的傳播力量依然遠大於網路，唯有透過電視的傳播，讓選民可以輕易直接得知立法院的實況，而不需要透過新聞頻道的二手傳播，否則「國會新聞」與「國會實況」總有著非常大的差距，選民永遠處於資訊落後的劣勢，無法清楚的判斷藍綠立委們的真實問政表現。

四、結語

當然，綜觀當前朝野黨派的政治情勢，要進行大規模的憲政改革和國會內規的修改，其難度極高。當前推動國會改革陷入一種困境，畢竟要立法者明察涉及各種利益的制度設計，但又要他們拒絕這些利益的誘惑，幫人民制定出最適合於社會的各項法律或制度，這是極為困難的挑戰。更何況，在國會運作中，經常被政治角力所左右，任何的制度設計都涉及未來藍綠政黨的政治前途，甚至任何的法案與政策討論也都可能牽涉到攸關藍綠政治人物背後

者的利害得失,這也是國會改革一再受到延宕的根本性原因。

換句話說,國會運作的問題不在於「打架」本身,而在於如何制訂一個讓朝野合理進行政治衝突的制度,來讓代表社會各方利益和意見的代表們,在此場域裡進行衝突與妥協,並產生出代表社會多數意見的政策或法案產出,同時避免私下的利益交換或爭奪,這才是符合政治現實的改革方向。

因此,除了期待藍綠政黨能夠以更長遠的眼光來看到台灣的政治民主化發展之外,更必須讓「外力」介入,凝聚足夠的社會壓力來讓這些立法者以促進國民最大福祉為其考量,而非以促進本身私利為目的或利用衝突來滿足各自的政治目的。

最後,國會改革的最終目的,在於讓這些被賦予重任的立法委員,真正為民謀福,而不是自私自利,但如果單純的只期待這些立法委員有所自覺,進行政治改革,那無異緣木求魚。整體公民社會必須先對當前國會運作背後的政經結構,以及既定的遊戲規則和亂象,有所瞭解,然後才能採取集體行動,透過民意的壓力,逼迫藍綠政黨進行政治制度的改革,並用選票來讓立法委員們感受到壓力,否則,國會改革的呼聲,總是淪為狗吠火車,即使改革也是虛晃一招,無法達到改革的最終目的。

時政筆記

回　應

陳昌宏　研究員
（國立台北大學亞洲研究中心）

　　立法院的一舉一動向來是國人關注的焦點。立法委員打架、關說與議事效率低落等都不是太大的新聞，這些行為事實上也深深烙印在選民的心中，立法院當然不乏努力認真問政的立委，但是拿錢不辦事與拿錢作壞事的立委卻也不在少數。國會席次從第七屆開始減半，選舉方式也改成單一席次兩票制，然而一般民眾對立法院的印象非但沒有轉好，負面印象仍根深柢固。究其原因，問題出在台灣特殊的政治生態與國會內部的制度設計上。

　　過去台灣研究立法院的學者不論從制度或是法案的產出結果來論立法院，通常不會給予高度的評價，因為立法院的議事規則與法案產生在某種程度而言是「獨步全球」，既有常設委員會的設置，也有凌駕常委會的「朝野協商」。歐美的議會一般以常設委員會為最重要的理性論辯場域。朝野議員多在此為法案攻防，同時常委會的任何討論均訴諸文字記錄，影像紀錄也同樣有跡可尋。然而，朝野協商卻是「密室政治」的代表作，既沒有媒體的全程採訪，更沒有議事人員的全程文字紀錄，因此除了參與協商的委員外，一般人難窺堂奧，更不知究竟是如何協商而

成,中間又涉及了多少利益交換?可考的部分也只剩下一紙協商人員簽到表,因此表面上朝野協商促進了議事效率,事實上卻把台灣國會制度扭曲。

　　作者從現象、原因與解決三大層面來探討當前台灣國會的困境,雖然都點出了立法院的沈痾,但不可否認的是,立法院的問題在於整個結構都出問題,如果只想從中端或後端解決問題,那麼都可能造成新的問題出現。過去國會席次減半與SNTV制度的改革都是為了要改善國會議事效率不彰與SNTV制度底下賄選、同室操戈與候選人走偏鋒的問題,但是就實際狀況觀察,國會席次減半的結果並沒有帶來議事效率的提升,反而因為席次便少使得立委權力變大,但又使得國會議員地方化的弔詭景象發生。

　　由於立委席次減半與單一席次的制度設計,立委無法像過去一樣把選民服務推給其他同選區的立委,一選區一立委的結果使得「選區經營」成為重要的工作,許多立委一改過去國會與選區之間的比重,勤跑基層成為立委當選與連任的不二法門,第七屆有許多現任立委在尋求連任時,縱使在國會問政或全國知名度上佔有優勢,然而卻不敵經營地方的縣市議員或鄉鎮村長。因此即使像國民黨的朱鳳芝、李鴻鈞、蔣孝嚴或民進黨的李俊逸、賴坤成等具有全國知名度或問政具有口碑的立委,仍然無法勝過努力經營選區政治人物。故而單一選區的制度設計反而使得國會議員落入地方化的窘境。

回應

此外,作者提到立委出席形式化的結果肇因於院會與委員會的合併,這也是造成立委問政怠惰的重要原因。過去立委可以不甩出席率,現在立委的出席率、質詢數、提案數都攤在陽光下,尤其出席率往往成為評斷一個立委是否認真或怠惰的標準,然而世人不去深究的是立委一早執行簽到任務後,在形式上他就算是出席了,至於是否有質詢或提案,往往被略而不提,更不用說他們在國會中的表現了。

必須檢討的是,現在立委在國會中的表現並無法為他(她)的當選與否劃上等號,這兩者往往不是呈現高度相關。過去就有許多委員不在國會問政,但是卻能夠高票蟬聯立委的荒謬事件一再上演,努力問政形象清新的委員卻慘遭選民淘汰,對立委而言,努力問政已經不是連任的保證,反而經營選區才是重要的,這種情況在第七屆單一選區後情況更為嚴重。

單一選區兩票制還造成小黨的泡沫化,但是對國、民兩黨而言卻是只要在各自的票倉選區參選,不管推誰都能當選的情況。選民在別無選擇的情況下,往往只能被迫接受政黨所推出的人選,故而財團與黑金又以另一種形式復辟。社會多元的聲音因為單一選區的制度設計變成了只剩下藍綠對決,台灣至此變成更加涇渭分明、北藍南綠,都會藍、鄉村綠的特殊景象,如此的結果只會讓台灣社會更加對立,不利和諧社會的發展。

時政筆記

　　作者還提到關於「席次減半」的問題，我十分同意國會品質向來與議員席次多寡無關，因為沒有一項理論可以確實證明席次和效率間的關係為何。民主國家中比台灣立法院國會席次多的國家不勝枚舉，包括美國、英國、日本、德國或義大利等，連人口只有台灣四分之一不到的新加坡，其國會席次也都有台灣的七成三。雖然有政治學者推算出一個國家國會席次的最適規模，但畢竟各國國情與人口組成有所差異，最適只是理想。但當時推動國會席次減半卻是在社會一種「政治正確」的氛圍下所造成的結果，多數立委只能含淚支持（因為此舉等同自廢武功）。如果從第三屆的國會席次觀察到第七屆的國會席次增減，每一次的增加或減少，都只是一次又一次的政治分贓與情緒改革，對於為何要增加或減少席次的討論付之闕如。而現在因為國會席次減半之故，甚至國家大政可能僅需十幾人就能決定的荒謬景象不時上演，但是卻無人出來力陳立法院席次的問題，這是因為長久以來國會議事效率不彰已經和立委人數過多劃上等號，多數立委身在其中卻也無力替自身辯護。

　　作者最後提到國會改革具體的方向應為一般區域、一半不分區，如此雖然理想，但是又涉及到選區重劃的問題，總計從1992年到2008年這期間。台灣的選區與席次歷經多次重大變動，國會改革變成了遊戲，在不斷的「Try and Error」的情況下，還有多少人願意相信國會改革會更好？

回　應

　　國會改革是一條漫長且艱辛的過程，需要全民理性討論與社會氛圍的塑造，唯有當人民認為立法院的良窳關係著台灣的發展時，國會改革才有進步的力道，如果又只是淪為政治人物獲取選票的工具，那麼國會改革在台灣永遠只是空談。

時政筆記

回　應

吳振逢　主任秘書
（立法院外交及國防委員會）

　　資深媒體人鄭任汶君從國會運作的現象、原因及解決等三大層面，來探討當前國會運作的困境，很榮幸應邀擔任與談人，因為本人自88年2月以來在立法院服務至今12年半，其間有9年在委員會服務，對鄭君所提的問題有相當的瞭解與看法。

　　在進入主題之前本人要說，鄭任汶君應該是長期擔任報導立法院的媒體工作者，才會有這麼深入的觀察與分析，對鄭君的觀察與論述，本人原則上同意，少部分有不同意見，謹就同意及不同意見分別闡述如下：

一、現象

（一）出席形式化

　　依據立法院議事規則，每週二、五院會經黨團協商決議，得視為一次會，本屆（立法院第七屆）立法院八個常設委員會發展出二、三天的委員會會議合併為一次會的現象。在99年6月休會期間立法院特別召開委員會議事事務研討，上述現象亦在討論的範圍，並作成決議。院會相關議事規則或慣例，委員會得準用之，這是委員會會議將

二、三天合併為一次會的法源，但是院會在決議週二、五院會為一次會時尚需經黨團協商，而委員會則由輪值召委逕行決定，應於法案審查時視需要才作兩天一次會之決定，避免成為常態。第七會期因為國、民兩黨均面臨黨內初選，故兩天一次會或二、三天合併為一次會的情況較多，此為特殊情況，並非常態。

至於立委經常在簽到後，除非媒體強力關注，否則經常簽完名後隨即離席，棄議事於不顧。委員會出席委員不致有此現象，非本委員會列席委員通常只針對有興趣議題發言，否則簽名後即離開，此為正常現象。

從實務與經驗來看，專責問政、為預算把關，以及致力於通過某些福國利民法案之立委，實在寥寥可數。此一論斷，可能與實際情況不符，委員會的委員專責問政、為預算把關，為其應盡職責，大多數委員均做到此點。至於致力於通過某些福國利民法案之立委，或許要進一步評估及長期觀察。

（二）問政庸俗化

立法委員選舉在單一選區兩票制後，選舉激烈程度超過以往，因此立委通常要把問政錄影帶剪輯作為下次選舉之用，並向選民訴求其所實現的政見。立委只要勤跑紅白帖，或頻上媒體，即可提高支持度，並進而勝選，不需對選舉提出的政見負責，更不需要對選舉時提出的政見負責，似並非全部的實況。

回　應

至於依媒體報導內容問政，確為事實，民意代表藉質詢反映民意，應無可厚非，至於其質詢效果如何，端視立委質詢的功力。

（三）責任虛擬化

只要經營基層紮實、努力爭取媒體曝光或取得政黨派系的奧援，即可順利連任。事實上符合上述條件，即代表有基層實力，並獲媒體認同，與問政亂象百出，荒腔走板似乎不能劃上等號。

二、原因

（一）政黨提名

藍綠政黨的初選制度，由於全民調的結果導致民粹化和庸俗化，再加上政治妥協或政治酬庸色彩濃厚的不分區立委名單產生模式，導致立委的遞補不但有議員化、里長化的傾向，更經常是政黨內部政治妥協或派系分贓的結果。此一論述頗為正確，但是其全民調的制度乃為改正以往黨內初選買票，及人頭黨員等弊端，不能否認全民調較原來兩階段初選為佳的作法。

（二）立委自利、（三）媒體失職、（四）資訊落差，同意上述三項之論述。

97

三、具體建議（解決辦法）

（一）將現行113席經修憲改為，一半名額透過單一選區相對多數決產生，另一半則經由政黨比例代表制產生。現行113席乃立委由原225席經修憲減半的結果，並未經過理性的估算。事實上，目前79席區域立委，減去平地和山地原住民各3席，約25萬至30萬人選出1席，相較於美國眾議院435席，約71萬人選出1席；日本眾議院300選區，約40萬人選出1席；德國聯邦議會299選區，約27萬人選出1席；英國下議院650席，約9萬3千人選出1席。選區大小還算適當，惟政黨比例代表仿傚日本為併立制，日本政黨比例代表為180席，我國為34席。似應仿傚德國政黨比例代表為聯立制，即與選區一樣為299席，則我國政黨比例代表應為73席，則總數應為152席，如此小黨方得在政黨票中獲得相當的席次。（按：以德國為例，全國性民眾黨為基民黨及社民黨二大黨，在299個直接選舉的選區，小黨很難與此二大黨競爭，自民黨、綠黨及左派黨所獲席次，來自第二票政黨票。）

（二）為確保不分區立委的素質，各政黨所提出不分區名單改為開放式名單，由選民從政黨所提供的名單中，自行圈出適合的不分區立委，並根據得票之多寡，進行排名。此一建議，是否可行，有待研究，未見國外有類似設計。

（三）、（四）、（五）項論述，原則同意。

　　以下謹以德國聯邦國會議員的形象及薪俸、退休金、平均任期等基本數據作結語的參考。德國政治人物包含聯邦國會議員形象不佳，在一般問卷調查中亦排名在各行業之末；國會是國會議員自行獲利的場所；薪俸7,009歐元、特支費3,547歐元、助理費10,660歐元（均略高於我國立法委員）；屆滿兩任期（8年）的國會議員，即可領取退休金，惟依1995年修改的法規，在國會工作12年的資深國會議員過去能領51%薪俸退休金，現在只能領36%退休金；平均任期約10年。

時政筆記

政府政策溝通與媒體互動之檢視

賴祥蔚　主任
（國立台灣藝術大學廣播電視學系）

　　馬總統於2012年就任總統之後，積極推動落實各項競選承諾。儘管新政府在選舉中獲得了絕對多數的選民付託，但是任何民主國家的政府處在大眾社會之中，如果想要順利推動各項重大政策，不免都要持續透過大眾傳播媒體的新聞報導，才能獲得廣大民眾的了解與支持。就此而論，新政府上任以來，在媒體互動上確實遭遇了一些顯然的困難，例如本於總統健保永續經營政見的二代健保、或是本於有利於兩岸經貿合作的兩岸經濟合作架構協議（ECFA）等，都引起了許多的討論。

　　回顧來看，民主國家的政府為了政策溝通，購買廣告的作法由來已久，我國也不例外。但是在過去這十年以來，尤其是民進黨執政期間，政府為了加強政策溝通，逐漸引進了「置入性行銷」（product placement）的方法，其重要性甚至已經趕上政府廣告。從學理來看，不管是政府廣告或是置入性行銷，這兩種作法其實都不甚符合民主倫理，後者甚至更違反目前廣電法要求節目與廣告明顯區隔的規定。因此馬總統上任後，幾次宣示要改弦更張，並主導通過預算法修法，明定政府廣告應該註明，並且不得

進行置入性行銷。在此之後,過去習以為常的政府置入行銷更不可行。政府如何加強政策行銷,顯然必須回歸正途。

有鑑於此,行政院人事行政局從2010年開始,全面推動政府各級機關辦理「加強公務人員政策溝通及宣導能力、執行力、應變力訓練」,其中,對於「政策溝通及宣導能力」的重視,即是反映了前述的問題。

儘管政府已經開始重視與媒體的關係,並且從更廣泛的溝通及宣導能力去加強訓練,但是相關舉措是否足以改善政府與媒體的互動?未來如何進一步落實到民眾的感受?這些議題顯然值得深入探討。

一、傳播歷程與溝通能力

被稱為傳播學之父的施蘭姆(Schramm)曾經指出:傳播的歷程包括以下要素:「傳送者」、「製碼」、「訊號」、「解碼」以及「接收者」。許多政策之所以在溝通與宣導的過程中出現問題,都可以從前述的傳播歷程要素中找到答案。

行政院人事行政局積極推動加強政府公務人員的政策溝通與宣導能力,即是試圖從改善傳送者的能力著手,以便改善「製碼」的技巧,從而提高「訊息」的有效性,希望讓「接收者」能夠更正確且容易「解碼」。

事實上,在傳播的歷程之中,除了製碼與解碼這兩

端,傳播發生的實際環境也很重要,當然不能忽視。以下先探討公務人員在進行政策溝通與宣導時,經常出現無法令人滿意的情況,再檢視政府推動相關訓練的實際效果。

學術界對於政策溝通及宣導能力的相關研究頗多,主要歸結為「溝通能力」的探討。一般認為,溝通能力有三項主要構成要素,此即Spitzberg與Cupach在1984年提出的「知識」、「技巧」、「動機」這三者。

就此而論,行政院人事行政局推動的訓練,主要是針對「技巧」。因為我國公務人員的素質優秀,無一不是具有專業知識的優秀人才。然而,我國公務人員太過專業的知識水平,有的時候反而變成了溝通的障礙,因此有必要加強其溝通的技巧。

問題是:如果只有技巧層面的強調,而忽略了溝通的動機層面,不免事倍功半,甚至難以收效。不容諱言,公務人員之中固然不乏積極進取者,但是也頗多偏重守成者,此為其基本性格,不易改變。不少具有此種性格者之所以積極報考公務人員,正是希冀能有安穩的生活。除此之外,公務機構的設計,也反映了謹慎與規則等理性的思維。這些特性,當然有其優點,但是也不免缺點,其中之一正是守成性格下「不求有功,但求無過」的表現,以及凡事講究依法行政,因此可能出現不通人情或是欠缺變通的批評。

不然想像,此一結構性的性格因素如果未能真正改

變，公務人員就不容易真正對於強化自身的政策溝通與宣導能力產生興趣，因此必然會不利於政府對溝通能力訓練課程的產生實質學習效果；即便公務人員在訓練後果真對於溝通技巧學有所得，回到工作崗位後也未必願意主動進行溝通與宣導，更遑論為政策站出來進行辯護。其次，在訓練課程與師資方面，也有討論空間。有些課程欠缺整體與完整的規劃，而且對於不同部門與不同層級公務人員的課程需求，也還有深化調查的必要。至於師資，目前廣泛邀請媒體人或傳播學者，固然有其必要，但是所邀人選是否都屬適合？在事前對課程的溝通是否足夠？教學誘因與學習成果又如何加強連結？如果要加強公務人員溝通能力的真正學習效果，這些面向都有待進一步的思考與改善。

統整來看，為了推動與落實總統的競選政見，加強政府的溝通能力與媒體互動確實有其必要。然而，傳播歷程的要素頗多，除了傳播媒體等環境要素同樣必須加以考慮之外，「傳播者」與「製碼」其實也不是全部的要素。單就傳播者應該具有的溝通能力來看，溝通能力的要素也頗多，因此不能只重視「技巧」的訓練，如何強化「動機」也是關鍵，否則恐怕難以真正收效。

二、原能會危機溝通個案之檢視

馬政府重視公務人員的溝通能力，除了陸續推動相關課程，不少首長都紛紛主動要求公務人員要主動進行妥適的

政策宣導。要改善溝通能力，必須兼顧溝通能力的三項主要構成要素，亦即「知識」、「技巧」、「動機」這三者。

如前所述，我國的公務人員在嚴格的考選制度下產生，相當具有素質，一般來說其知識水平高於廣大的民眾，因此在政策溝通時，在專業領域上都具有足夠的「知識」，但是在現行的公務人員考績制度之下，則未必有利於提高其「動機」，至於溝通所需的「技巧」，更是常被忽略。這包括了政府發言人面對媒體的發言技巧，以及第一線公務人員面對民眾的談話技巧。以下將以日本發生福島核災事件之後，我國行政院原子能委員會的輿情回應為案例，探討政府發言人面對媒體的發言技巧。

2011年3月11日，日本海域發生芮氏規模9.0級的強大地震，連帶引發海嘯，造成福島第一核電站出現爆炸與輻射外洩事件，此一事件確實前所未見，而且隨著媒體的一再報導，必然引發全球高度關注。

在此事件中，我國的核電安全主管機關——行政院原子能委員會，在日本福島核電事故發生的第一時間，立即積極發佈重要資訊，每日提供新聞稿，網站上也建立了專區，以提供正確的核能安全資訊。回顧來看，原能會自3月12日開始舉行記者會，一直到3月25日為止，都是每天召開記者會，其後才改為視情況與民眾需求而機動召開記者會。除此之外，原能會也在短短的一個多月之內，安排了高達一千多次的媒體訪問。

時政筆記

　　儘管原能會積極任事，但是媒體對於原能會仍頗有批評聲浪。其中原因，除了這種鄰近國家發生重大核安事故的情況前所未有之外，也有一些與發言技巧有關的部分，值得提出來加以探討。

　　美國耶魯大學教授Hovland在1940年代的一系列研究發現，在溝通過程中如果只呈現單方面訊息，這樣的溝通在說服效果上較為有限，呈現兩方面訊息的說服效果則較為理想。研究態度及說服的知名學者多已陸續指出，這一點非常重要，針對重大事件例如核電議題更是如此，因為從時空背景上來看，日本核災如此驚人，而國人對於日本人做事的嚴謹程度一向高度評價，因此民間難免普遍擔憂：既然日本核電廠都會出事，台灣的核電廠又怎麼能避免？這樣的氛圍基本上更不利於只提供單方向訊息的政府溝通。

　　就此而論，儘管原能會積極進行媒體溝通，但是發言內容都是一面倒的對於台灣的核電安全提出保證，顯然違反前述的說服理論，也與民眾先入為主的擔憂不符，不免影響說服效果。事實上，原能會本來是核電的安全監督機構而非核電的生產機構，因此不妨站在較客觀的立場，提供兩方面的訊息，這樣才能在民眾心目中建立其核安監督者的地位。

　　除此之外，這次原能會面對媒體的發言者相當繁多，固然其中不免有發言人分身乏術的不得已苦衷，但是這樣可能會產生幾個潛在的問題。

首先，未必所有發言者都受過良好的媒體發言，包括將專業用語加以庶民化之後才說出，以及注意媒體常有斷章取義與誇大化的呈現。前者牽涉了溝通有效性的問題，因為如果能夠用庶民語言來進行溝通，必可事半功倍，否則難免說出了一堆專業術語之後，民眾不僅沒被說服，還可能會對於政府提供的資訊產生疏離感與不信任感。後者則牽涉了溝通適當性的問題，因為公務人員如果不熟悉媒體運作，對媒體說出的若干比喻或是用語，往往會被媒體放大甚至扭曲，衍生不必要的困擾。

　　其次，不同發言者說出的訊息可能會不一致，而且也不利於建立民眾對特定發言者的熟悉與信賴感。舉例來看，日本政府在這次風波中，主要都由日本內閣的「官房長官」（相當於我國的行政院秘書長）枝野幸男出面說明，他本非核能專家，在進行公開發言時也都能避免使用專業術語。從溝通的結果來看，枝野幸男的表現，顯然相當有利於建立民眾對他的熟悉與信賴感。

　　政府願意積極進行媒體溝通固然是好事，但是必須先注意發言人等負責媒體溝通者的「技巧」，如此才能事半功倍，並且避免失焦或是甚至衍生出不必要的困擾。從我國行政院原子能委員會面對日本核災事件的表現來看，公務人員勇於任事的積極作為應該給予肯定，但是如果能夠針對「技巧」此一溝通能力的重要構成要素給予更多的關注，相信會有更好的表現。

三、我國公務人員的媒體溝通訓練

政府對於媒體輿情的重視,相當程度上反映了大眾傳播時代的民主特性;在政策上,則展現為要求公務人員熟悉媒體運作並且要具有高度的溝通能力;至於具體作為,則是對相關訓練課程的重視。

目前我國對於公務人員在媒體溝通與公關行銷方面的訓練課程,大體已有一些具體的實踐。本文將回顧我國的實踐經驗,並且參酌美國的相關經驗,以進行比較。

我國的公務人員訓練,負責的執行機構包括行政院人事行政局的公務人力中心與考試院的文官培訓所。以公務人力中心為例,在溝通方面的課程則分成了三個階層:一般、中高階、以及高階公務人員。

一般公務人員的現有課程有以下五門:一、溝通與協調研習班——課程宗旨是「瞭解溝通與協調之原則與實際作法,並認識溝通與協調之障礙因素及其解決之道。」二、公務行銷研習班——課程宗旨是「瞭解公務行銷之理論及具體作法,以強化政府部門與外界互動之公共關係。」三、新聞稿寫作實務基礎研習班——課程宗旨是「瞭解新聞稿寫作之原則及方式,提昇新聞稿實務寫作能力。」四、新聞稿寫作實務(進階)研習班——課程宗旨是「精進新聞稿寫作技巧,提昇新聞稿寫作品質。」五、談判與協商技巧研習班——課程宗旨是「學習談判與協商

的理論與實作技巧,瞭解促使政府機關與民眾雙贏的作法。」

中高階公務人員的現有課程有以下三門:一、溝通表達能力研習班——課程宗旨是「能清楚明確表達事實與理念並有效傾聽他人意見。」二、媒體互動技巧研習班——課程宗旨是「藉由實務演練以增進與媒體互動之技巧,以提升政府形象。三、政策性新聞稿撰寫研習營(科長級)——課程宗旨是「加強中高階人員新聞處理及新聞寫作能力。」

至於高階公務人員的現有課程有以下三門:一、高階文官面對媒體研習班——課程宗旨另訂。二、高階文官媒體溝通研習班——課程宗旨是「強化行政院暨所屬機關中高階文官瞭解平面媒體之運作與溝通技巧。」三、高階人員新聞處理與回應研習會——課程宗旨是「加強中高階人員新聞處理與寫作能力。」此一課程的對象是行政院所屬各部會次長級以上人員。

為了加強公務人員媒體溝通訓練的效果,公務人力發展中心近年來更積極的安排政府官員實地前赴媒體進行訓練,並且委託專家學者設計具有統整性的課程綱要與教材,在課程的安排上可謂頗有突破。

其實美國對於公務人員的溝通能力早有重視,例如美國聯邦政府對於公務人員的訓練是由人事總署負責。基本上,美國人事總署對於公務人員的溝通能力頗有具體的

要求,並且詳細列舉出了公務人員必須具備的九種一般性的基本能力,包括:口頭表達能力、書面表達能力、解決問題的能力、示範作用、人際溝通能力、自我肯定能力、應變能力、判斷能力和技術應用能力等九種。其中有三種與政策溝通能力有關。進一步來看,針對高階公務人員,美國聯邦政府人事總署也提出高階公務人員應有的能力架構,包含五個核心能力,其中之一正是「關係建立與溝通」,具體的內涵包括了:說服與協商能力、口頭溝通能力、人際互動的技巧與能力、關係建立的能力、文字溝通能力、政治洞察能力。在此一基礎上,美國人事總署進而提出了美國高階公務人員應該具有的「核心能力資格」(The Executive Core Qualifications,簡稱為ECQ's)。ECQ包括五個面向,而每一個面向底下又可以細分出更多的構面。限於篇幅,暫不贅述。

在ECQ的綱領之下,各個政府機構往往都自行發展出相關的規範,甚至編印共通教材。例如美國國防部就編印了一份《有效溝通》教材,依序探討溝通的一些基本而重要的內涵。舉例來說,在「基本溝通技巧」(Basic Communication Skills)的單元中,內容就包括了:溝通模式(Communication Models)、雙向溝通過程(Communication is a Two-Way Process)、傾聽行為(Listening Behaviors)、活動:傾聽自評(Activity: Listening Self-Assessment)、聽見vs.傾聽:

傾聽自評（Hearing vs. Listening Active Listening）、練習主動傾聽（Practice Active Listening）、有效率傾聽的阻礙（Roadblocks to Effective Listening）、主動傾聽的秘訣（Tips for Active Listening）、溝通的變項（Communication Variables）、活動：溝通習性（Activity: Communication Habits）、總結與變遷（Summary and Transition）、知識檢測（Knowledge Check）。在第三單元又針對「危機狀況的溝通」進行闡述。各篇章都提出了許多具體的檢測題目，有助於提醒受訓者檢視自身的溝通理解度。

美國對於公務人員溝通能力的具體要求以及訓練教材，相當值得我國參考與跟進，以便發展出相應的架構，亦即包括溝通能力在內的公務人員「核心能力資格」以及相關教材。當然，這主要仍然是技巧面的強化，知識面與動機面仍有檢視與改善的空間

四、結語

在數位匯流的時代，面對更多元的媒體，政府在進行政策溝通時必然更加困難。過去的政府廣告作法，效果必然大減；而置入性行銷的方式，在當前的法規下，更是難以為繼，因此政府更有必要加強公務人員的溝通能力與技巧，同時也要思考公務人員的考績制度，以強化公務人員進行政策溝通的動機。

針對訓練來看，我國目前對於公務人員在媒體溝通與公關行銷等方面的訓練課程固然已有基礎，但是實際課程偏向即學即用的操作實務，而且課程安排的面向也還不夠完整，在教材方面更是還沒有已經寫成而且定案的統一教材；相較於美國，在此方面的發展教完成熟，不僅已經建構出具有理論基礎的完整指標，也以此推動各個政府部門的相關訓練，以前述的美國國防部訓練課程為例，不僅課程架構完整，而且已經編製出完整的教材。

　　當然，美國的經驗未必完全適用於我國，美國的教材也未必適用於我國，不過未來如果要進一步強化我國公務人員的溝通能力，應該要參照美國等更多先進國家經驗，從考績制度、教育訓練與課程教材三個方面一起著手，如此才能事半功倍，增進民主政治中政策溝通的良性互動。

回　應

盧非易　副教授
（國立政治大學廣播電視學系）

　　賴主任從政策溝通與溝通技巧兩個面向討論政府部門如何與媒體互動；同時，比較了我國與美國政府訓練公務人員媒體溝通技巧的概況。

　　在第一個面向，政策溝通與媒體互動裡，賴主任認為，政府公務人員宣導政策，其角色一如傳播過程中之製碼者。製碼者是否能將訊息有效整理呈現，乃是政策傳播是否有效的重要因素。賴主任並引用學者Spitzberg與Cupach之研究，認為公務人員必須具備組織內之知識、傳播的技巧、以及適度的動機，方能有效與人溝通；並且認為，考選制度維持了我國公務人員的良好素質，但公務人員的人事制度也必然使其具有一定的保守性。從傳播與溝通效果來看，這樣的保守性格使其溝通動機低，影響了溝通工作的進行。

　　在第二個面向，溝通技巧與媒體互動裡，賴主任舉例認為，技巧的好壞足以影響說服效果，而技巧不僅於訊息的正確，也關乎訊息者的修辭、說故事能力，乃至於形象與態度。

　　知識、技巧與動機是研究組織與個人傳播的重要議

時政筆記

題。引用「知識、技巧、動機」作為公共政策傳播效果評量是有意義的主張。這裡，有兩點值得我們深入思考。第一、公務人員作為傳播者的角色，宣導政府政策與作為，首先自然應先理解其政策與作業內容，方能掌握分寸。因此熟捻專業知識之重要固不待言。但，「知識」本身並不單指專業工作之內涵，也包括了對組織脈絡的理解。因此，公務人員必須對傳播過程中，所涉之整個社會組織，以及訊息傳遞間的演變有所理解。換句話說，從事政策傳播與溝通的公務人員，除了熟悉所傳遞內容之專業知識外，也應該知道政府與媒體間的脈絡關係，訊息在政府、媒體、個人間流動過程中，可能產生的變化。公務人員對於媒體「誤導」民眾認知經常感到受挫，但不知此為媒體商業本質的常態，遑論媒體本身亦具有其政治性。而公務人員也往往忽略媒體之外，政府與民眾之間直接溝通的可能模式，特別是在數位時代裡，訊息流動已進入PtoP的模式，政府與個人（各人）間的傳播，甚至雙向式，具有反饋模式的溝通，更是政策傳播應該思考的問題。對溝通過程中，「知識」因素的擴大定義，有助於改善政府傳播工作的效果，也可增進公務人員與民溝通之能力。

至於「動機」的部分，Spitzberg與Cupach關切的是組織傳播裡，個人的動機如何影響其人際關係與工作表現。個人有時傾向與外溝通，有時則選擇迴避與外互動，此與個人性格或個別事件有關。個人性格固然影響個人的溝通

意願與人際關係。人際關係較疏離,或組織內溝通較少,經常(但不必然)影響個人在工作職位上之表現。如果將政府各個組織視為一個大組織內的許多個人,那麼,不同的機構也的確有不同的溝通性格。有些組織偏向保守或內向,有些組織則高度活躍,習於表現。開發個人溝通能力與改善組織之人際關係,仍然需要視該個人(微組織)之本質。此外,事件本身,也左右個人(微組織)與外溝通的意願。個人傾向與外界討論正面之事件,但迴避討論負面事件,此為常態。但組織溝通經常需要處理的正是負面事件之說明與溝通,其技巧與一般宣導不同,也需要特別的訓練。近來,政府經常延攬媒體人進入公部門裡工作,協助訊息宣導與危機處理。借重媒體人(特別是女性)習於、樂於傳播表現的性格,與處理危機的能力。這是改善媒體溝通的一種方式。當然,前者所提,對「知識」的認知,也就成為此一模式需要加強之處。

而就技巧的部分,則不僅關乎個人的傳播基本技能,例如說、寫、讀、聽的能力,表達的能力,故事化與說動人故事的能力;在精神層面上,甚至包括了建立良好人際關係的能力、傾聽他人的能力、與人交換訊息、回饋、行銷與反銷的能力、發現與解決問題的能力。因此,傳播技巧、溝通能力從更大層面來看,也是一種知人情、識世故的一種做人的能力。

要完成一個好的溝通工作,公務人員需要習於規劃行

動方案（或稱傳播腳本communication scripts）。個人應該能在不同的社會情境、狀態中，建構與執行這樣的腳本。傳播內容必須與時調整，在不同的社會情境、群眾觀感下，提出適當的說法。因此，公務人員的溝通訓練，也應該包括了閱讀、理解社會情境的能力，具備同理心，而非一成不變的宣導。

　　理解他人、同情同理、知己知彼、與時俱進，這也可作為賴主任在文中第三部分討論我國公務人員媒體溝通技巧與訓練之補充說明。

智庫、政府決策與公共政治
——以日本智庫實踐為例[1]

邵軒磊　助理教授
（國立台灣師範大學東亞學系）

一、研究背景

　　智庫（think-tank）指的是某種研究機構，對公共問題提出實際方案，或尋找可以支持其意識型態的證據；集合不同背景之專家，提出具體的政策或策略建議，協助解決政府問題。在台灣，近年來由政黨、政治人物為中心所設立的智庫，也逐漸加入原來由政府機構、官僚政治決策角色，且更能為某特定人物設計規劃。因此，近來智庫常登上媒體版面，成為政壇焦點。其一為「財團法人台北論壇基金會」重組，成為重要的政壇新聞。報載：

> 台北論壇基金會昨天進行重組，前國安會祕書長蘇起出任董事長兼執行長，並延攬台積電董事長張忠謀、前美國在台協會理事主席卜睿哲、前民進黨立委洪奇昌擔任董事，成為國內第一個跨黨派且有外國人擔任董事的智庫。[2]

---

[1] 本研究為國科會研究計畫「中國研究方法的再思考：以東洋文庫學術系譜為例」（計畫編號：NSC:99-2811-H-002-035）之研究成果，特此誌謝。
[2] 何明國，「蘇起掌台北論壇延攬卜睿哲」，旺報，2011年8月14日，http://tw.news.

時政筆記

　　這裡的評論，透露了兩個意義，其一，台灣的智庫沒有外國人擔任董事；其二，台灣的智庫沒有跨黨派的，都有政黨或政治立場。然而，對第一項媒體並無什麼意見，第二項「跨越藍綠[3]」方面，卻造成論壇相當多的評論，甚至質疑[4]。另一個新聞是：壹週刊評論中，罕見的批判智庫人事，稱其以被政治操作，智庫沒有主體性[5]。

　　這兩則新聞，乍看之下並無特殊之處，甚至有理所當然之感。但深入思考，智庫與政黨政治結合應不應該是常態？智庫在台灣政治決策中實際扮演，甚或應該扮演什麼角色？甚至智庫在整個公共政治哲學中又應當有什麼意義？

---

yahoo.com/%E8%98%87%E8%B5%B7%E6%8E%8C%E5%8F%B0%E5%8C%97%E8%AB%96%E5%A3%87-%E5%BB%B6%E6%94%AC%E5%8D%9C%E7%9D%BF%E5%93%B2-213000903.html 檢索日期，2011年8月15日。

[3] 由蘇起的宣言以及董事名單為例。他在受訪時說：台北論壇基金會希望扮演藍綠凝聚共識的平台，甚至是台美中的民間對話平台。因此在董事成員中藍綠背景都有，也有美國人參加，還有6位前任部長，其中兩人是扁政府時代的部長。台北論壇基金會15名董事名單是：辜嚴倬雲、張忠謀、錢復、高希均、邱進益、湯曜明、程建人、卜睿哲、李必賢（前立委，燁隆集團林義守的妹婿）、蕭祥玲（中華文化基金會董事長）、蘇起、洪奇昌、蔡宏圖、陳添枝、朱雲漢。何明國，「蘇起掌台北論壇延攬卜睿哲」，旺報，2011年8月14日，http://tw.news.yahoo.com/%E8%98%87%E8%B5%B7%E6%8E%8C%E5%8F%B0%E5%8C%97%E8%AB%96%E5%A3%87-%E5%BB%B6%E6%94%AC%E5%8D%9C%E7%9D%BF%E5%93%B2-213000903.html 檢索日期，2011年8月15日。

[4] 黃奎博，「國安超黨派智庫能否跨藍綠？」，聯合報民意論壇，2011年8月15日，http://udn.com/NEWS/OPINION/X1/6526604.shtml，檢索日期，2011年8月15日。
王光慈，「標榜跨越藍綠 蘇起做得到嗎？」，聯合報社論，2011年8月13日，http://udn.com/NEWS/NATIONAL/NATS1/6525228.shtml，檢索日期，2011年8月15日。

[5] 壹評論，「智庫悲歌」，壹週刊（台北），531期，2008年7月。原文為：「最近一個智庫人事異動，政府先安排一位並無聲望的學者出任董事長，這位董事長隨後又提出一位令人瞠目結舌的院長，顯示這個政府仍然視智庫為無物，對智庫的前途也毫不在意。」

回顧關於智庫的研究，因為智庫在美國較為發達，在英文文獻中比較多相關資料，研究也較於成熟。相較於此，中文文獻方面，依照吳宗翰的整理還屬於「初期發展」階段[6]。不過，依然有許多專門的研究文獻，從對這些文獻的閱讀中，我們可以得到一些對台灣智庫之初步形象。

第一、一般來說，在相當早期，約1990年代，台灣學界就認識到智庫的重要性[7]。

第二、庫的重心在「經濟議題」，其次為「政治問題」，但社會福利方面研究稀少，無論是自發性或是委託研究皆是如此[8]。

第三、決策系統需要專家諮詢，提供公眾議題意見[9]。但是行政機關多數不信任民間智庫，使其無法成為政

---

[6] 吳宗翰，台灣智庫機構之分類與發展現況研究，2010，國立台灣大學政治系碩士論文。整理其餘研究智庫相關的論文，其他還有杜承嶸，智庫與公共政策——台灣與美國制度關於社會福利研究之初探，1998，國立中正大學社會福利所碩士論文；曾秉弘，美國民間公共智庫研究，國立中興大學公共政策所碩士論文。

[7] 有林碧炤，「開放社會與現代智庫」，問題與研究，32卷5期，1993，頁1-10。詹明瑛，「智庫的功能與角色——以美、日兩國智庫為例」，台灣經濟研究月刊，17卷12期，1994，頁92-95。吳英明，「都市需要智庫——談政策智庫與都市發展」，研考雙月刊，20卷6期，1996，頁51-52。官有垣，「非營利公共政策研究組織（智庫）與社會福利政策研究」，社區發展季刊，58期，1999頁13-29。多為介紹某些特定智庫，以及呼籲智庫角色。

[8] 杜承嶸，智庫與公共政策——台灣與美國制度關於社會福利研究之初探，1998，國立中正大學社會福利所碩士論文。

[9] 胡志堅，專家諮詢在政策制定過程中所扮演之角色，國立中興大學公共政策所碩士論文，1983，頁285-294。

策諮詢者[10]。兩者相加的結果，就是形成行政機關需要非常態性的專家開會（審議會、諮詢會），但效果有限。

第四、有論文對智庫領導與政府對口機關從事訪談，指出當前智庫在人力、財務、制度上都有巨大困境[11]。晚近論文也指出一樣的結果，且更進一步對智庫成立、智庫分類等做出較為系統性的整理[12]。但總體而言是悲觀的。

第五、多數論文都把美國智庫（甚至美日智庫），當作智庫發展的理想型是，且多有以此為台灣智庫衡量標準的傾向。

第六、另一種研究智庫的觀點，是研究「中國大陸智庫」，在「中共黨政特殊性」的前提之上，強調應視外交智庫為政府延長。呼籲重視智庫的外交、宣示行為，並著眼於其政治意義[13]。

簡言之，沒有人否認智庫相當重要，但是智庫在台灣

---

[10] 陳佳君，政策諮詢在政策制定體系中的應用：雙元社群理論之實證研究，國立中興大學公共政策所碩士論文，1993，頁112。提及：目前國內智庫，中華經濟研究院、台灣經濟研究院、台灣綜合研究院、國策研究院和政大國關中心等和政府部門皆有契約研究的合作。國內智庫接受政府委託研究計畫不計其數，但是，這些集合學者專家而得的精華建言，會被採用的只有二至三成（工商時報，10版，1995年4月24日）。國策研究基金會與台灣智庫目前和政府沒有契約研究合作。

[11] 郭嘉玲，智庫與公共政策——美國智庫發展關於我國智庫之啟示，2003，國立政治大學公行所碩士論文。

[12] 吳宗翰，台灣智庫機構之分類與發展現況研究，2010，國立台灣大學政治系碩士論文。

[13] 傅永俊，中國智庫角色與功能之研究，2010，國立政治大學東亞所碩士論文。孫哲，「中國外交思想庫：參與決策的角色分析」，復旦學報，第4期，2004，頁98-104。

之決策角色相當邊緣，要怎麼把智庫放到適當的政治決策位置？或是智庫是否「可有可無」？至今並無定論，就算有，也多為悲觀。若是以美國智庫模型而論，台灣缺少企業或其他穩定財源支持，規模與發展也相差甚遠；以中國大陸智庫模型來看，台灣在政治制度與意識理念上，與中共模式差異更大。因此，若要觀察台灣智庫發展，甚至預測或提供建言，以上述「美國模式」或「中國模式」，都或有窒礙難行之處。筆者試圖以東亞政治文化較為接近，且具有民主選舉體制的日本，來觀察其智庫的發展與變遷，甚至未來走向，以提供台灣研究智庫的參考。具體而言，筆者試圖介紹日本智庫的現狀、政策決定角色、並分析其對我國智庫的啟示；提供不同角度的資料，以收他山之石之效。

　　在進入分析之前，有必要重新思考「智庫的範圍為何？」有研究者強調智庫的功能取向，有：「智庫從事跨學科、公共政策的研究，是一個獨立性和非營利的組織[14]。」或是如描述其為一非營利的公共政策常設性組織，研究議題具有公眾利益的特質，研究人員必是某一學術或實務領域的專家，主要的成果產出是政策的研究、分析與建言，運作財源多樣，如政府委託研究補助、企業贊助、以及民間人士的捐款[15]。

---
[14] 曾秉弘1999，頁33-37。
[15] 杜承嶸1998，頁13。

更進一步,從菁英政治層面來思考,智庫由菁英組成,對政策制訂的深層改善做專職跨學科整合,是一座橫跨於權力和知識間的橋樑[16]。則強調智庫在公共哲學上的意義。因此,本文研究日本智庫,使用NIRA的定義,把「所有實務上公共事務研究的非教育單位」都視為智庫。這個定義比較接近,西門的「強調智庫由一群不同學科領域且學有專精的研究人員從事跨學科的研究,可以關照不同的政策領域[17]。」本文定義的特點有三:第一:不強調也不試圖區分是否「獨立」,因為定義「獨立」太過困難且容易造成更大的麻煩;第二、不強調「非營利」的部分,這與日本智庫的發展有關,多數智庫已漸漸以販賣研究案為財源之一;第三,由於發展路徑的關係,日本多數智庫是與政府共生的,與美國智庫的視野有很大的不同[18]。

[16] Dror, Yehezkel. (1980). "Think Tanks: A New Invention in Goververment," In Weiss C. H. & A, H. Barton, eds., *Making Bureaucracy Work* (Beverly Hills, CA: Sage), pp. 139-152。Dror對政府的其他建議分別為:一、於政府首長周圍建立政策規劃與政策分析組織;二、設立智庫,對主要政策問題進行深度研究;三、建立獨立之國情與政策審查單位;四、培訓幹部;五、設立國家政策學院;六、第三世界國家,軍人參與國家決策;七、鼓勵草根活動;八、激發公民對公共政策的關懷;九、定期進行憲政檢討。詳細內容參閱Dror, Yehezkel. (1986). *Policy Making Under Adversity* (New Brunswick: Trancaction Books), pp. 279-299。
[17] Simon, James. (1993). "The Idea Brokers: The Impact of Think Tanks on British Government," *Public Administration*, Vol. 71, pp. 491-506.
[18] Weaver (1989: 563)定義智庫為「非營利的公共政策研究產業」,有的學者則用消去法,Stone (Stone, Diane et. (1999). *Think Tanks 1Across Nations: Acomparative Approach* (New York: St. Martin's press), pp. 675-692)以不是什麼來加以說明,1. 智庫不是壓力團體;2. 智庫不是政府的諮詢組織;3. 智庫並非在大學內建立的跨學科整合的政策中心;4. 智庫與基金會有所區別;5. 智庫以非營利的目的從事研究。Daine列舉智庫應具備的幾項特徵,依據慈善的目的而建立、在學術研究的知識領域獨立於政府之外、以研究為主,強調學術性和分析性、提供政策制訂過程所需專業知識的獨立政策機構、以懷抱公共精神為特質,促成公共討論和教育社群為宗旨。

二、日本智庫現狀簡介

　　在日本現代政治史中，除了帝國陸海軍軍令部門（參謀本部）之外，最早具有智庫意涵的，可推至滿鐵調查部的研究部門，分為「滿鐵調查部門」（下轄舊慣調查班、經濟調查班、露西亞調查班）、「滿州歷史地理調查班」、「東亞經濟調查局」對於日本政府統治滿洲，甚至是對中國戰爭的決策中，都扮演重要角色。其後培育的調查人才，也都在其後的各種制度中扮演重要角色。

　　因為多數智庫曾經與戰爭有關，戰後初期智庫多數禁止活動，甚至解散。1954年，冷戰緣故，由洛克斐勒財團（Rockefeller Foundation）贊助的東洋文庫近代中國研究委員會，算是戰後智庫的復甦。內涵上，大量以美式區域研究方法來研究。更進一步，到1958年成立亞洲經濟研究所（通產省所屬）和1960年成立財團法人國際問題研究所（外務省所屬）。兩者都是日本政府出大部分資金之「政策智庫型」研究機關，特色是官方主導，但以民間財團法人的形式出現。

　　1960年代至今，日本的智庫數量一直呈現穩定成長。（請參考圖一）據統計，至今穩定且持續經營的，有220所。尤其在行政改革之後，政策智庫不再只關心中央、國際事務，各都道府縣、地方自治體（市町村）也都試圖與智庫合作，找尋政策利益，開啟了智庫研究的另一個廣大領域。

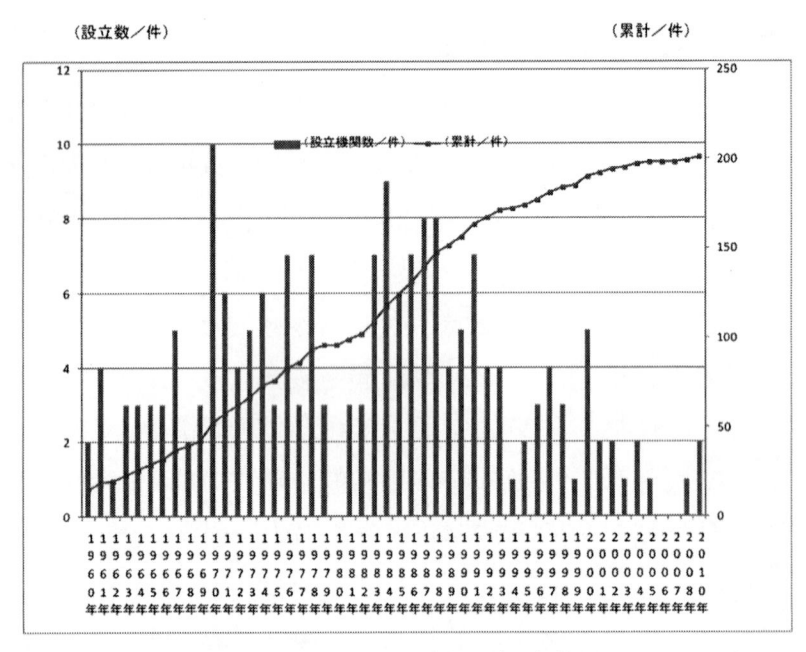

図一　1960～2010年日本智庫數目

資料來源：NIRA綜合開發機構

　　在資金來源方面，主要是以營利法人形式（51%）為主，其次以財團法人（35%）、社團法人（9%）的形式（請參考圖二）。也就是說，各智庫主要以販賣研究、或是只提供委託協助機關參考為主要收益來源，非公開及限制公開的比例高達73.5%（請參考圖三）。

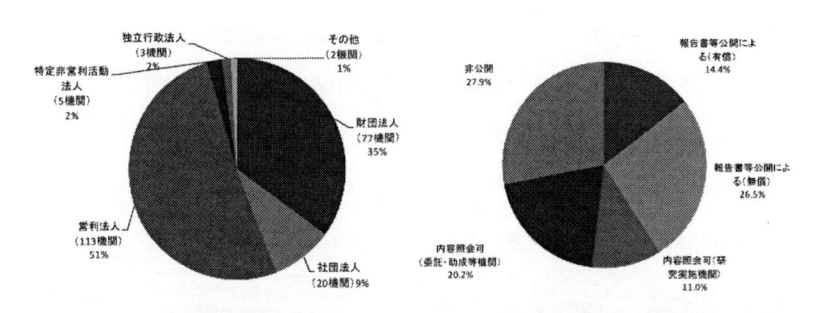

圖二　組織型態圓餅圖　　圖三　研究成果公開手段圓餅圖

資料來源：NIRA綜合開發機構

最後，從研究方向來看，也可以看出其智庫的多樣性。占前三名的是經濟研究（18%），其次是國土開發（16.4%），第三是產業政策（13.2）。關於交通、環境問題、行政學、國際關係、文化藝術、醫療教育等，也佔了一定比例。這證實了日本智庫的多樣性，已經脫離了傳統高度政治方面，而逐漸轉向多元與低政治領域。（請參考圖四）

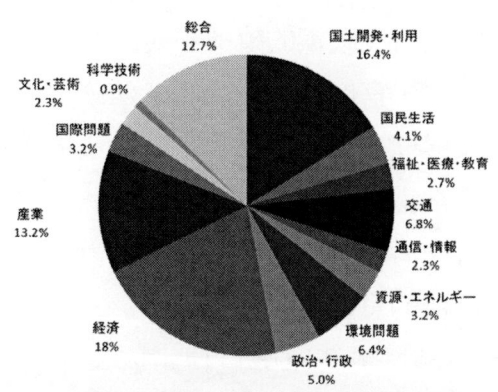

圖四　智庫主要研究領域圓餅圖

資料來源：NIRA綜合開發機構

由以上敘述可見，日本智庫在各領域研究上的活躍程度。具體而言，2009年220個機關的研究案總數高達3,338件。其研究案項目包括各種方面，研究補助金額，也有各種等級。也就是說，相對於我國智庫，多集中高度政治議題的研究，日本智庫呈現出「議題多元、形式多元」的特性。其優點為能夠吸納大量實務人才，且能產出更多政策型研究，此有別於大學的理論導向。

三、各個發展階段下日本智庫與政府之關係

前節簡要說明了，日本智庫的現狀。當前呈現「議題多元、形式多元」，能夠吸納大量實務人才，且能產出更多政策型研究。在以下的章節中，本文將簡介並分析戰後日本智庫和國家政府關係，以及其中所呈現的意義。

若提及現代日本政治的特殊性，以「智庫2005」（シンクタンク2005）理事長鈴木崇弘的研究，可以歸納如下：一、國民對於政策的瞭解不足；二、國民與官僚之間的距離感；三、官僚與政治機關無法配合國民的多種需要；四、官僚機構之外並無成熟之政策研究機構；五、即使是媒體，也常常無法掌握正確充分情報，無法擔任意見整合或意見傳遞者。因此，這樣來思考的話，日本智庫還有增進民主價值的意義。

雖然，戰後日本智庫數目穩定成長。（請參看前節圖一）但在發展的質上，可以簡略分為五個階段。一、

1960年代前，如前節所述。東洋文庫近代中國研究委員會（1954年），亞洲經濟研究所（1958年），財團法人國際問題研究所（1960年）。都算是官方政策機構，具有民間財團法人的色彩。此時的研究主要是高度政治性的國家安全，以及國際政治經濟方面問題。二、1960年代後期至1970年代，以野村總合研究所（1965年）為首，三菱總合研究所（1970年）等，以金融相關智庫為主要起點，設立了諸多智庫機構。最具代表性的例子，是1973年，政商界在行政協助的前提上，設立了「總合研究開發機構」（NIRA）。在此，奠定了民間智庫的四大方針：1. 獨立研究（independent research）、2. 追求未來性（future-oriental）、3. 政策主導（policy-oriental）、4. 學科整合（inter-discipline）。

第三階段，1980年代出現保險業與地方銀行系統的智庫。第四階段則是1990年代，則是以地方自治體為主要的成立機構。第五階段，1997年起，民間非營利組織大量成立，如東京財團、構想日本等設施。最後第六階段，從2000年開始，是政黨導向的智庫大量成立時期。如前述的「智庫2005[19]」屬於自民黨，「政策普雷棟[20]」則是屬於民主黨。

---

[19] 全名為：一般社団法人シンクタンク2005・日本（Think Tank 2005 Japan）。
[20] 全名為：公共政策プラットフォーム，http://www.platon-web.net/。

表一　日本智庫與政府關係分期

順序	時期	主要關心課題	主要資金來源
一	——1960's	國家安全、國際政治經濟	中央政府
二	1960's－1970's	經濟與投資	大型企業
三	1980's	保險、金融商品	地方銀行、金融業
四	1990's	地方中央關係	地方自治體
五	1990's後半	以政策自主研究、民調為主	民間非營利組織
六	2000's	政黨、政見研究	政黨

資料來源：由作者自製

在研究型態方面，以2008年的統計為例，絕大多數還是委託研究（68.1%），自主研究佔29.2%，助成研究佔2.7%。其中超過一半的委託案，是來自中央或地方政府，這顯示日本還是屬於官僚主導政治決策。相對於此，第二位是公益法人，僅佔16%。可以明顯的看出知識網絡的主導者還是在政府。簡言之，大部分研究都屬於「政策分析型」研究，也就是宏觀性來說，以各部會為單位，對該管各種政策做調查性研究，呈現由上而下指導，縱型分裂的方式。與此相對的，以區域為核心的橫向研究，較為缺乏。但區域政策整合型研究，可能較為符合民眾所需，政策整合也能較為順暢。

另外，也多有增加自主研究的呼聲。所謂自主研究，是各研究機關、研究者，依照研究興趣主動做出研究。先有研究成果，再將研究成果販賣給需要的部門單位，甚或是投稿到學術刊物。這樣的好處，是能排除出資單位的牽

制,能以客觀或是較為批判的角度來做出研究。主要的訴求是帶領輿論,成為未來施政的動力,甚至是帶動其他研究的發展。論者以為,這在日本實踐政黨輪替後,在對政見實踐的檢驗與討論上,能提供相當的助益。

對台灣智庫發展而言,尚未經歷過類似日本智庫的發展,因此在多樣性與多元發展上,並未如日本般成熟。但台灣近期頗有以政黨或政治人物為中心成立智庫的風潮,其鎖定之研究對象也會是政見、政治主張以及對其他政黨政見的批評分析。或者在未來的發展中,台灣類似智庫的發展,也能借鑑日本。

四、智庫在具體政策決定過程中的角色

在前節中,筆者敘述了戰後至今智庫的類型演進,並強調研究關心題材的演變,以及其與政府的關係。在本節中,本文將聚焦於日本智庫在近期,尤其是2009年9月政黨輪替之後,日本智庫與政策的關係。

(一)1990年代智庫改變決策角色

從前次表格中,可以看出在昭和時代,日本絕大多數的智庫都是接受政府,特別是中央政府的「委託研究」。批判者認為這樣的研究,有兩個特色,其一、盡可能不碰觸、不批判行政機關所做成的政策;其二、幾乎不作政策建議,只作資料蒐集、調查。這樣的結果,使得智庫多半

成為確認既有政策,甚至是宣傳政策的角色。與「委託研究」相對的,稱為自主研究,意指依照智庫自主取向先做出研究,之後再提供決策機關參考。然而,自主研究成功的案例還是太少,批判者歸納其原因有三:

1. 官僚制度龐大

    日本的政策立案大多是由官僚所起草、修正、執行,在所有的環節中,都有相應的機關。也就是說事實上關於瞭解政策所需要的情報,也只有官僚機關能夠掌握。即使有協議會、審議會等機構,又多半僅限於諮詢,無法完全影響政策。

2. 政策研究缺乏

    在大學中主要強調的是「學問」,而非「實踐」。大學與政府、地方自治體、產業界在人才知識的交流太少,因此人才無法轉移。

3. 資金來源脆弱

    智庫的主要資金還是來自於政府補助,因此必須受到政府(議會)的監督。自籌資金可能來自會員會費,或是販賣出版物。這兩者都是十分稀少的,尤其是研究成果的出版市場尚待開拓。

為此,日本在1990年代有些改變,成為智庫茁壯的土壤。首先配合地方自治的需求,為了與中央對抗,地方必須積極培養有決策能力,急於吸取知識。於是學者、實務工作者、NGO等等加入地方政策審議諮議。同時,也

慢慢形成介入政策的團體。人才方面，大學也成立各種實務取向的研究所（公共政策大學院、人間科學研究院等等），提供人才產出。在日本社會文化中，要進入企業工作，幾乎百分之百都是大學一畢業就進入，智庫成為這批碩博士級以上人才的主要出路。最後，在資金方面，以出版物為核心，1990年代有各種「趨勢系列」，成為當時期的暢銷書，一方面成為資金來源，二方面也成為有效的智庫宣傳。

表二　1990年代智庫決策角色的改變

	1990年代前	改變	1990年代後
官僚	官僚獨佔情報	智庫為媒介，結合學者、實務者參與諮議、審議。	諮議審議成為立案的重要環節。
人才	實務人才斷層	結合大學「公共政策研究所」、「法科研究所」等改造方案，將人才引向實務，提供智庫人才。	實務人才成為智庫的基礎
資金	大量依賴補助	積極宣傳政策意見，並開拓出版市場、專利問卷調查等等。如野村總合大和總研、三菱產業研究所、PNP研究所、NIRA等等。	幾個大智庫資金方面較能獨立。

資料來源：由作者自製

（二）政黨輪替智庫改變決策角色

前述所提及的智庫，是以最廣義的「研究公共事務之機關」來分類的，但細查其分類，可分為1.契約型機關、2.學術型機關、3.提案型機關、4.政黨型機關。在這種分類中，早期最龐大的是契約型機關，1990年代之後，第2、3類也迅速發展。

時政筆記

　　最後一項，政黨型機關特別在2009年前後大量出現。原因在於主要在野黨都以培養政策人才，準備執政，建立自己的人才庫，並提出自己的政見書（manifesto）。另一個理由，是民主黨組閣之後，喊出「脫官僚、政治主導」的口號。因為自民黨長期執政，其官僚系統，或是參加政治的智囊團原先屬於自民黨的人，自然不相容於民主黨。民主黨引進大學教授、有實務經驗者組成「國家戰略室」、「行政刷新會議」等等組織，也主要借重已有智庫力量。另一方面，自民黨也組織相應的智庫，用以容納失去政權後，政治人才的去向。

　　可以推斷，在未來形成兩黨或多黨輪流執政的模式下，智庫將成為政黨政治人物的「休息站」，可以藉由智庫機構來監督政府，也成為政治人物在野時有效保持政治舞台能見度的方法。在整體公民參與決策、落實民主的公共哲學意義上，智庫將成為有效的「中介者」，能夠提供專業研究政見，一方面提供民眾對政府的觀點，二方面也能讓政府、政黨宣傳自身。將這些意見集合起來，就是一個良好的公共場域（public arena）。加上其組織的多樣性與彈性，能夠即時、有效、有組織的提供討論，並結合產業、國際趨勢發展，提供「公民知識」。也就是說，智庫將成為行政機關、議會、法院、媒體以外的「第五權」。

五、代結論：台灣智庫展望

　　至今多數關於智庫之研究成果，都希望政府主動重視智庫，給予幫助。但如今行政改革，國債重擔，經濟與財政收縮的前提下，恐怕希望不大。本文從日本智庫的例子來看，主張智庫必須自我更生，改革重建。以日本的政府與智庫發展的歷史來看，智庫從二戰前，就與政府「共生」，長期與國策發展規範結合，就這一點來看，與台灣的發展並無二致。也因此，伴隨戰後日本政府金融改革、地方自治等等，日本政治的重大變化，日本智庫的議題關心取向、研究發展、甚至是研究經費來源，也多有轉變。（請參看表一）

　　從日本過往的經驗來看，1990年代，日本政府與智庫的關係面臨三大問題：（一）、官僚制度龐大（二）、政策研究缺乏（三）、資金來源脆弱。因此多數智庫走出從傳統輔佐角色，轉變為「議題倡議者」。也就是說，以往智庫從必須依賴某種補助，轉為以真知識為中心，吸引甚至販賣知識。

　　具體而言，從「人才招聘、審議制度、獨立研究」三個方面改革智庫，使得智庫能夠度過危機。（請參看表二）也因此，智庫成為「三個仲介」，第一是學校與政府之間，人才與執行的仲介；第二、是議會與政府之間，民意與專業的仲介；第三是研究與政策之間，理想與實踐的

時政筆記

仲介。這三點正是對台灣當前智庫困境，最恰當的思考與發展指標。具體而言，就是把智庫企業化、知識市場化，甚至成為論壇與倡議組織，同時結合中國模式與美國模式，大量網羅人才，充分言論競爭。筆者在向智庫研究員請益的過程中，也深深感到智庫與社會需要間的差異，相對於學術界（大學），智庫往往需要更多實務經驗以及快速消化資訊。除少數大型智庫之外，現今多數智庫卻少有專聘人員，其研究案依賴已有專職的某些學者，這樣一來，往往智庫的研究質量與政策建言，都反過來受限於立場先行。再加上政府研究案的「低價原則」，使得智庫研究人員更是無法施展。無寧說，這是惡性循環，智庫就離社會實際需要越來越遠，同時也越來越無法倡導議題，只能越來越依賴某種補助。

台灣競爭力論壇在2009年曾召開會議，討論「強化智庫功能，網羅專業人才」的方法，在報導中，遠景基金會董事長林碧炤指出：

> 目前（智庫）人才不足是明顯的現象，台灣學術界做研究愈來愈少，沒有人才就無法稱為智庫，應正視人才斷層的危機；再者，須打破單打獨鬥的方式，應培養戰略觀念，台灣社會對蒐集情報及資訊不重視也不擅長，戰略觀念應與情報搭配下才能成功。林碧炤建議，國內37個智庫，對內可彼此連結，對外也要與

國際搭上線,也應推動兩岸智庫連結。兩岸智庫過去只是聯誼性質的交流,現在應進入到實質問題研究討論,建立共識,智庫彼此間有實際內容的研討互動。

正是與本文結論有若干相符之處。從另一方向考慮,加上考慮到台灣現今高教逐漸緊縮,或許以「智庫」形式,吸收供給過剩的高等研究人才,也更有社會安定之功。研究指出,美國智庫與日本智庫的發展相比,日本智庫約末落後30年,現今正逐漸趕上。延伸思考,台灣又落後日本若干?希望這樣的研究,也能給正在發展新方向,民主轉型的台灣,一些啟示。

時政筆記

回　應

謝明輝　執行長
（台灣競爭力論壇）

　　智庫（think tank）是一個從事研究、專注於公共政策應用，由專業人員組成的跨學科、跨領域的綜合性政策研究組織、機構、企業或群體。根據研究資料顯示（Gellner, 1995: 497-510; McGann & Weaver, 2000: 6-9；古明章，2009：28-31；林碧炤，1993：1-2；孫繼中，2001：21-22），不同學者對智庫分類有不同之定義。然而，無論是哪類型的智庫，目前大多面臨到相同的問題，即經費不足之窘境，這種情形不只發生在台灣，歐美、日本智庫亦有經費來源困窘之景況。

　　過去，與政府機構往來較深或是與某些特定政黨關係密切之智庫，其在經費的爭取以及人員的升遷上可以尋求政府單位與特定政黨的補助，例如台灣民主基金會，其資金收入來源百分百來自外交部提撥之預算補助[1]，日本的總合研究開發機構（National Institute for Research Advancement, NIRA）每年之經費亦需經由內閣總理批准預算案（袁小兵，2010：257）。至於其他民間智庫，由於缺少政府以及政黨的奧援，主要資金收入則多仰賴成立

---

[1] 台灣民主基金會每年需提繳年度預算書，送至立法院進行審議，審議通過後再由外交部提撥預算補助。

時政筆記

基金的基金孳息、企業捐助以及承接政府研究計畫等三種管道獲得（曾秉弘，88：135-136，151）。例如台灣經濟研究院即是以承接政府委託計畫作為拓展財源管道之方式，其每年約承接政府委託研究案多達一百七十件之數量（吳宗翰，2010：282-283）。

事實上，無論是與政府關係較為良好之政府智庫，抑或是需要倚賴民間資源之民間智庫，其經費收入多寡主要還是與整體經濟景氣有關。一旦國家景氣亮紅燈，政府將可能出現財政短絀，需要靠政府資金才能運作之智庫即有可能出現空轉之現象；相同地，在台灣整體經濟狀況不良時，來自銀行孳息、企業捐助以及政府研究計畫案的收入也將會銳減（郭嘉玲，92：188-189），將可能造成民間智庫無法繼續經營之問題。

以日本的總合研究開發機構（以下簡稱NIRA）為例。1974年創立之初，NIRA共獲得來自中央與地方政府之撥款共有67億日圓，民間捐款亦有14億日圓；1977年政府經費為26億7千萬日圓，民間捐款也有3億1千萬日圓；至1987年，來自政府機關經費已經降為1億3千萬日圓，來自民間捐款也只有1千萬日圓，是成立以來最低之經費收入。由此可知，隨著日本經濟持續的不景氣與蕭條，政府補助NIRA之金額開始不斷下降。到了2004年，中央政府與地方政府之補助經費更僅有1億2千萬日圓，且已無民間捐款（袁小兵，2010：261-262）。從歷年政府補助經費

回應

即可顯示，NIRA營運經費是呈現逐年銳減之趨勢。

由於NIRA自成立之初即是以政府補助做為基金收入之來源，故當中央政府逐年降低其補助金額時，即直接造成NIRA財務狀況不穩定之情形，進一步影響NIRA本身之生存與發展。再加上來自民間捐款之經費比例始終無法有效提升，使得NIRA在來自政府補助金額不斷銳減之同時，也無法透過民間捐款減緩其財務壓力，此狀況在八零年代以後更益發明顯。因此，智庫若是僅靠或是多靠一種收入來源，只要此來源減少甚至消失，智庫馬上將面臨危急存亡之態勢，不可謂不重視。

儘管如此，比起眾多來自其他管道之經費來源，從政府單位補助獲取經費仍是最為穩定之財源之一。然而，此類型之智庫就無可避免會被批評是為政府做嫁；自西元2000年以來，因持續性的經濟不景氣，及民間智庫基金孳息減少的情況，台灣的智庫必須開始比以往更積極的向政府爭取補助或是承攬政府的研究計畫，方可獲得更多且更穩定的發展資金。但這就意味著智庫機構在研究議題的選取上，必須開始朝向政府的需求靠攏。更甚者，根據政府於1998年制定的「政府採購法」條文規定，幾乎所有與政府相關的研究計畫案都已修改成為「公開招標」與「一年一標」的競標型態。在此頻繁且與眾多智庫機構競爭標案的過程中，政府的態度及執政黨的政治考量，已不可避免開始對民間智庫造成影響（吳宗翰，2010）。

時政筆記

　　台灣智庫之發展,倘若從第一個以研究公共政策為主題的政府智庫——政治大學國際關係研究中心成立的時間算起,至今已逾35個年頭,儘管與國外發展比起來,仍有一段距離,但依舊有不小之成就[2]。由於經費取得不易,日後多數智庫將盡力爭取政府補助經費,或是競逐標取政府單位研究案已是無法避免之趨勢,如何在獲取經費之同時,亦不落入向政府靠攏之批評,實為目前智庫最大之挑戰。

---

[2] 在Mcgann於2010年的調查報告當中,台灣的智庫機構數量為52所,而台灣民主基金會為亞洲排名的第23名的智庫機構(亦為台灣唯一進入亞洲前25名排名的智庫機構)。詳情請見James G. McGann. (2010). *The Global "Go-To Think Tanks"-- the Leading Public Policy Research Organizations in the World*. PA: University of Philadelphia.

參考文獻

古明章(2009)。〈智庫功能與綠營發展〉,《中國評論》,141:27-31。

吳宗翰(2010)。《台灣智庫機構之分類及發展現況研究》,台北:國立台灣大學政治研究所碩士論文。

林碧炤(1993)。〈開放社會與現代智庫〉,《問題與研究》,32(5):1-10。

孫繼中(2001)。〈淺談智庫〉,《研習論壇》,3:21-26。

袁小兵(2010)。〈日本總合研究開發機構〉,收錄於李軼海主編、金彩紅副主編,《國際著名智庫研究》。上海:上海社會科學院。

郭嘉玲(2003)。《智庫與公共政策:美國智庫發展對我國智庫之啟示》,台北:國立政治大學公共行政研究所畢業論文。

曾秉弘(1999)。《美國民間公共智庫之研究》,台中:國立中興大學公共政策研究所碩士論文。

Gellner, W. (1995). "The Politics of Policy-Political Think Tanks: And Their Market in the U.S. Institution Environment." *Presidential Studies Quarterly*, 25(3): 497-510.

McGann, J. G. (2010). *The Global "Go-To Think Tanks"-- the Leading Public Policy Research Organizations in the World*. Philadelphia: University of Philadelphia.

McGann, J. G., & Kent, R. W. (2000). *Think Tanks and Civil Societies: Catalysts for Ideas and Action*. New Brunswick, NJ: Transaction.

回 應

徐遵慈　副研究員兼任培訓宣導組組長
（中華經濟研究院台灣WTO中心）

　　邵軒磊教授的「從日本經驗看我國未來智庫發展」一文整理與分析日本智庫在過去五十年的發展經驗，嘗試對台灣智庫的發展提出些許啟示與借鑑，殊值台灣參考。筆者以下依據筆者近年參與國內政策研究機構之相關經驗與觀察，提出個人淺見該文作者與各位參考。

　　「智庫」（think tank）一詞主要源自蘭德公司，而在1960年代後廣泛被歐美國家使用。相較於歐美國家強調智庫之自主性，不受政府、政黨、以及壓力團體之干預而獨立運作，亞洲的智庫卻呈現不同的發展經歷與特色。如亞洲發展銀行及其他相關研究指出，東亞與東南亞的智庫最早較大量出現於1970年代以後，而在1990年代後出現一批新的功能性質的智庫。在這些智庫中，許多係由政府直接設立或出資成立，屬於半獨立性質，與政府或特定政黨、政治人物關係密切。此一性質導致東亞或東南亞智庫的主要職能不在對於政府政策的批判，而在協助改善或宣導政府政策，或做為政府政策與民間部門或社會的橋樑，或在提升社會的相關知識基礎。

　　上述的特色可用來說明台灣的智庫發展，最早出現於

1970、1980年代，而在1990年代以後出現各種新的特定功能導向的智庫。如果以形態區分，大致可分為五類：一、非營利性質之獨立公民社會型智庫；二、在大學內成立之政策研究機構；三、政府設立或國家支持的智庫；四、企業或商業相關組織設立之智庫；五、政黨成立之智庫。以經濟研究為主之智庫來說，目前國內兩大經濟研究智庫中經院與台經院分別屬於第三類及第四類型態之智庫。

然而，儘管設立的背景或形態不同，國內的智庫面臨的問題十分相似，以下以經濟研究機構為例說明之。

一、研究經費來源之限制

以中經院為例，過去中經院成立後依基金孳息營運，然近年因銀行利息逐年下降，必須依賴研究計畫以供營運之需。此外，因政府採購法之實施，以及近年相關政府預算日漸緊縮，使得各研究機構之競爭更形激烈，研究經費取得較過去困難，也使得「自主性研究」的空間被壓縮，多數研究人員必須投入契約式的短期研究計畫（通常為一年或二年期研究計畫），自主性或前瞻性的中長期研究計畫比率甚低。

二、研究委託對象的限制

由於國內民間企業委託研究的風氣一直未能開啟，因此多年來企業委託進行研究的情形甚少，以致研究機構長

期為政府服務,成為名符其實的「政策研究」機構,相對來說,研究人員對於產業界實務或企業運作之知識較為生疏或不足,也因此對政府提出之政策建議有可能淪為不切實際的風險,或與產業界的距離漸行漸遠。此一情形與日本、韓國經濟研究之智庫與企業關係密切,或甚至中國研究機構如社科院等經常從事大規模調查研究十分不同,也一定程度窒礙研究成果對產業與社會整體的實用價值。

三、與政府、產業、大學間人才與知識之交流不足

國內研究機構或智庫因多半接受政府特定機構之委託研究,因此研究成果未必完整對其他單位公開(宣導性質之研究除外)。此外,因這些研究機構或智庫主要屬於政策導向之研究,強調其實用性,而非學術貢獻,尤其政策研究被認為學術性不足,因此不易吸引大學年輕教師投入,長此以往遂使得這些智庫與大學、學術機構(如中央研究院)間之人才及知識交流不足,有礙相關知識之傳播。

四、與國際事務的連結不足

台灣因特殊的政治環境,不似東南亞國家智庫或研究機構經常可獲得國際組織或發展機構、或先進國家政府機構或國際非政府組織的資助,進行特定之研究計畫,再

加上台灣的研究機構或智庫多半為「內需市場導向」，因此從事或參與國際性研究計畫或研究網絡的機會有限，與國際連結不足。此種情形在台灣加入亞太經濟合作會議（APEC）與世界貿易組織（WTO），成立專責APEC、WTO研究機構後雖有改善，但是整體來說，相較於日本、韓國、東協國家，以及中國大陸，我國研究機構或智庫在國際間之能見度仍低，從事跨國或多國研究之能量亦較為不足，是我國智庫發展走向國際化的一大隱憂。

上述情形與日本智庫發展相較，台灣的智庫受到資金來源之牽制、官僚制度之影響與日本十分類似，更遺憾者為日本大型智庫如野村總合研究所、NIRA等仍能在資金無虞的情形下從事較大規模及中長期之研究，與國際之連結性亦較高，恐為台灣的智庫望塵莫及。

不過，近年亞洲經濟勢力抬頭，在國際間之影響力日增，同時中國更戮力於創造新的智庫發展趨勢，除在2009年7月召開「全球智庫高峰會議」，邀請全球主流或知名智庫和國際組織代表、學術巨擘等出席盛會外，更積極試圖透「智庫外交」，提高中國與亞洲全球主要議題上之話語權，將有助提升亞洲智庫在國際上的影響力。國內的智庫應掌握此一趨勢，增加與國際事務之連結，及加強研究能量，始有可能嘗試為國內智庫發展開創新的契機。

```
國家圖書館出版品預行編目資料

時政筆記／吳振逢等作；左正東主編. -- 初版.
  -- 臺北市：新台灣人文教基金會, 2012.08
    面 ; 公分

ISBN　978-986-87320-4-9（平裝）

1.臺灣政治　2.時事評論　3.文集

573.07                        101013913
```

時政筆記

發行人／張　衍
出版單位／財團法人新台灣人文教基金會 & Airiti Press
主編／左正東
作者／吳振逢、辛翠玲、邵軒磊、俞振華、徐遵慈、張弘遠、陳昌宏、
　　　陳敏鳳、葉國俊、靖心慈、劉明德、劉嘉薇、鄭任汶、盧非易、
　　　賴祥蔚、謝明輝
總編輯／古曉凌
責任編輯／須文蔚、簡明哲、曾文培、劉德明、修杰麟、吳承思、謝佳珊、陳志斌
執行編輯／謝佳珊、陳志斌、方文凌
版面編排／李雅玲
封面設計／鄭清虹
發行業務／楊子朋
行銷企劃／賴美璇
發行單位／財團法人新台灣人文教基金會
　　　　　110台北市信義區信義路五段150巷2號16樓1600室
　　　　　Airiti Press
　　　　　234新北市永和區成功路一段80號18樓
總經銷／華藝數位股份有限公司
　　　　戶名：華藝數位股份有限公司
　　　　銀行：國泰世華銀行　中和分行
　　　　帳號：045039022102
　　　　電話：(02)2926-6006　傳真：(02)2231-7711
　　　　服務信箱：press@airiti.com
法律顧問／立暘法律事務所　歐宇倫律師
ISBN／978-986-87320-4-9
出版日期／2012年8月初版
定價／新台幣300元

版權所有・翻印必究　　Printed in Taiwan